무신론 기자, 크리스천 과학자에게 따지다

IVP(InterVarsity Press)는
캠퍼스와 세상 속의 하나님나라 운동을 지향하는
IVF(InterVarsity Christian Fellowship)의 출판부로
생각하는 그리스도인을 위한 문서 운동을 실천합니다.

무신론 기자, 크리스천 과학자에게 따지다

과학과 신앙에 얽힌 해묵은 편견 걷어 내기

우종학

친구이자 멘토인
웨슬리 웬트워스에게

차례

개정판 서문　9
프롤로그: 나는 왜 이 책을 쓰게 되었나?　13

1부 … 과학에 대해 고찰하다

1. 과학과 기독교, 하나만 택하라고?　21
자칭 무신론자 박 기자의 생각 | 박 기자, 한 교수를 인터뷰하다

2. 과학과 신앙에 대해 오해하는 것들　33
과학과 신앙, 꼭 양자택일해야 하는가? | 진화론 대 진화론?
대부분의 과학자는 무신론자?
갈릴레오 재판, 종교가 과학을 억압한 예가 아니다!

3. 중립적인 과학에 대해 꼭 짚고 넘어갈 점　61
과학은 자연현상을 다룬다 | 자연현상에는 신이 필요 없다?
빈틈을 메우는 하나님이란?

4. 과학을 숭배하는 무신론자들　83
설계 논증에 사용되는 반쪽짜리 설계 개념 | 진화는 신의 설계를 반증한다?

2부 … 성경과 과학, 함께 생각하다

5. 성경에 대한 세 가지 이해: 한 교수의 강의1　103
성경과 자연은 하나님이 주신 두 가지 책 | 성경 해석은 필수
성경은 과학 교과서가 아니다

6. 과학과 기독교, 적일까 남남일까 동지일까?: 한 교수의 강의 2   117
과학과 신앙의 관계에 대한 세 가지 견해 | 각 견해에 대한 비판

7. 창조과학을 어떻게 볼 것인가?   137
창조과학자들이 진화론을 받아들일 수 없는 이유

8. 진화 이론, 제대로 알기   159
진화 이론에 대한 잘못된 반응들 | 진화의 증거들

9. 지적설계 비판   179
지적설계 운동의 배경 | 지적설계론의 논증과 비판
지적설계 논증의 확률 계산

10. 창조 기사 이해하기   209
창세기 1장 다시 읽기 | 인류의 기원 | 박 기자의 결론

11. 책을 마감하며: 진화 창조론 이해하기   239
패러다임의 변화 | 우주 진화는 창조의 과정이다 | 진화, 진화 이론, 진화주의
보수적인 기독교 입장 | 진화적 유신론의 견해 | 과학의 창으로 창조를 보다

부록: 더 깊은 공부를 위하여   255
에필로그   257

개정판 서문

'무신론 기자, 크리스천 과학자에게 따지다'라는 제목으로 초판이 나온 지 5년이 훌쩍 지났다. 책을 출판한 후 얼마 되지 않아 나는 한국에 들어와 대학에 자리를 잡았고, 다양한 자리에서 글과 강의를 통해 과학과 신앙에 관한 주제들을 나눌 기회를 가졌다. 소명으로 여기는 '과학과 신앙' 분야에 대한 작은 섬김은 이 책과 함께 시작되어 지속되고 있는 것 같다.

그동안 교회를 비롯한 다양한 모임에서 특강이나 세미나, 혹은 좌담회, 소모임 등을 가지면서 많은 크리스천을 만났고 여러 매체에 기고한 글을 통해서도 과학과 신앙에 관해 나눌 기회를 가졌다. 책을 통해 그리고 강연을 통해 깊이 고민하던 문제가 해결되었다며 기쁨을 감추지 못하는 사람을 만나는 일은 무엇보다 큰 격려가 되었다. 그들의 감사는, 가끔씩 받는 타협한 크리스천 과학자라는 비난을 말끔히

잊게 해주었다. 책과 강의를 통해 바로 혼란에 빠지는 또 다른 사람을 만나기도 했다. 굳건히 믿어 왔던 창조과학이 과학적으로 넌센스라는 얘기를 듣고 그들은 혼란에 빠졌고, 하나님이 진화라는 방법을 사용해 창조하셨을 수도 있다는 주장에는 심리적 거부 반응을 보였다. 특히 소위 모태 신앙이거나 어릴 때부터 교회를 다닌 사람이 그런 경우가 많았다. 한두 해 시간이 지나 다시 만난 그들 중에서 여러 과정을 통해 생각이 정리되어 오히려 하나님의 창조에 대한 이해가 깊어진 것을 보기도 했다. 출생의 비밀은 충격적이지만, 하나님은 지적 혼란을 통해 일하신다. 진화를 수용하는 기독교적 입장이 가능하다는 책의 내용에 대해 많은 신학자와 과학자가 격려해 준 것도 큰 수확이었다.

한국의 지적 풍토도 많이 변한 듯하다. 책을 내면서 가졌던 소망은 창조과학이 기독교의 유일한 목소리라는 오해를 깨는 것이었다. 이 책을 통해 기독교 안에 창조를 보는 다양한 시각이 있다는 메시지를 소개함으로써 작게나마 한국 교회를 섬길 수 있었다면 감사한 일이다. 복음주의 크리스천 과학자가 과학을 수용하는 입장에서 진화 창조론(혹은 유신론적 진화론)을 본격적으로 소개한 첫 번째 책이라는 평은 부담스럽긴 하지만, 여전히 대다수의 사람이 창조와 진화는 양립할 수 없는 모순관계라고 생각하는 우리나라에서 크리스천 과학자의 소명을 다시 한 번 되뇌게 한다. 갈 길이 멀다.

이 책은 처음부터 크리스천을 대상으로 했고, 무신론자들에게 기독교를 변증하는 일에 초점을 둔 것은 아니었다. 그보다는 크리스천이 과학에 대해 갖고 있는 오해를 풀고 과학을 거부하기보다는 수용해서 하나님의 창조를 이해하는 창조 신학이 더 풍성해지도록 돕는 것이 첫 번째 목적이었다. 두 번째 목적은 과학을 이해함으로써 크리스천이 교회 밖의 사람과 대화할 수 있도록 돕는 것이었다. 복음은 교회만의 용어가 아니라 세상의 언어로 전해야 세상 사람이 이해할 수 있고, 또한 크리스천은 세상 사람이 사용하는 과학의 언어를 이해해야 그들과 대화할 수 있다. 크리스천이 아닌 사람이 볼 때 크리스천과 대화가 가능하다는 생각이 들어야 복음에 대한 변증도 가능한 법이다. 그런 면에서 이 책이 크리스천에게 과학에 관해 새로운 눈을 뜨게 해주기를 소망했다.

그동안 받았던 다양한 질문과 제안들을 토대로 부족했던 면들을 전면 개정했다. 1장에서 9장까지 내용상 큰 변화는 없지만 전체적으로 내용을 다듬었고 설명을 보충했다. 무엇보다 새로 두 장(10, 11장)을 추가했다. 책과 강의를 통해 많이 받았던 질문은 크게 창세기 1장 해석에 관한 이슈와 아담의 원죄 같은 신학적 문제들이었다. 그래서 창세기 해석과 신학적 문제와 관련된 내용을 10장에 담았고, 11장에는 책의 전반적인 내용을 정리하며 기독교에서 수용 가능한 입장들을 요약하고, 진화를 통해 하나님의 창조를 이해할 수 있는 독립된 글을 담았다.

글을 쓰다 보면 글은 영원히 완성되지 않는다는 것을 깨닫는다. 계속 고쳐도 고칠 것이 남는다. 결국 글이 완벽하게 완성되어서가 아니라 마감 시간이 되었기에 글을 마감하게 된다. 확대개정판도 마찬가지로 아쉬움이 남는다. 이 책은 여전히 입문서로 남아 있고 보다 깊은 논의를 위해서는 각 장에서 소개한 여러 책들을 통한 공부가 필요할 것이다. 하지만 초판이 과학과 신앙이라는 큰 숲을 개관하는 입문서로 독자들에게 방향을 제시해 주는 나침반 역할을 했던 것처럼 이번 확대개정판도 그런 역할을 할 것이라 기대한다.

프롤로그

: 나는 왜 이 책을 쓰게 되었나?

인간이 원숭이에서 진화되었다는 주장은 사실일까? 만일 그 주장이 사실이라면, 하나님이 천지를 창조했다는 창세기는 정면으로 반박되는 것인가? 진화가 명백한 사실로 밝혀졌기 때문에 우주에서 신이 설 자리는 없어졌다는 무신론자들의 주장은 사실일까? 아니면 인간은 약 만 년 전에 신에 의해서 창조되었다는 창조과학자들의 주장이 사실일까?

지난 백여 년 동안 대중매체의 단골 기삿거리로 등장한 창조-진화 논쟁은, 진화론을 뒤집어엎는 새로운 이론이 나왔다는 식의 도색적인 헤드라인과 함께 여전히 우리 눈을 자극한다. 독실한 크리스천이라는 미국의 한 대통령의 발언도 큰 파장을 일으켰다. 백악관의 주간 성경공부에서 창조론 이슈를 다룬 후에 그는 중등학교 과학 시간에 진화론과 더불어 창조론(정확히 말하면 지적설계)을 가르치는 것이 마땅하다는 발언을 했다. 대통령과 그를 지지하고 나선 교육부 장관을 지켜본 크리스천 과학자를 포함한 많은 과학자들은, 미국의 과학 교육에 대해 깊은 우려를 표명했다.

창조-진화 논쟁이 단지 대중매체의 단골 기삿거리로 끝나는 것만은 아니다. 1925년 소위 '원숭이 재판'이라 불리는 스코프스 재판을 서두로 1980년대에는 알칸사스, 루이지애나 주 등에서 진화론을 학교에서 가르치지 못하게 하려는 창조론자들의 노력이 진화론자들의 반대에 부딪혀 법정 싸움으로 이어졌다. 1987년 미국 대법원이 진화론의 손을 들어 준 이후에는 지적설계라는 새로운 이름의 창조론 운동이 등장했고, 2005년에는 펜실베이니아 주에서 지적설계론 대 진화론의 법정 싸움이 재개되었다.

창조-진화 논쟁의 열기가 미국에만 국한된 것은 아니다. 진화론을 반대하는 창조론의 입장은 전 세계로 퍼져 나가 유럽과 아프리카와 아시아 그리고 이슬람권까지 그 영향력을 미치고 있다. 그중에서도 한국은 수백 명의 박사학위를 가진 회원들을 자랑하며 창조과학의 새로운 메카임을 뽐내고 있다. 최소한 수적인 면에서는.

시끌벅적한 창조-진화 논쟁 앞에서 대다수의 크리스천은 무기력함을 느낀다. 다양한 이슈들이 뒤얽혀 있는 이 논쟁에서 핵심 이슈를 파악하는 것도 쉽지 않을뿐더러, 나아가 과학과 신앙의 관계를 올바르게 보는 시각을 정립하는 것은 더욱 어렵다. 얼핏 진화론은 과학을 등에 업고 있는 것처럼 보이고, 창조론은 성경과 신앙의 지지를 받고 있는 것처럼 보인다. 그렇다면 크리스천들은 아무런 고민 없이 창조론을 택하면 되는 것일까?

그런데 대답이 그리 간단할까? 쉽사리 과학을 포기하고 전근대인처럼 사는 것이 해답은 아닌 듯싶다. 더군다나 진화 이론을 지지하는 수많은 크리스천 과학자가 있다는 것을 알게 되면 더 혼란스러워진다. 그렇다고 창조론을 포기하고 무신론자가 될 수도 없는 일이다. 그렇다면 도대체 해답은 무엇일까? 가장 쉬운 현실적 해결책은 이 논쟁 자체를 대충 무시하는 것이다. 중요한 논쟁인 듯하지만 자신의 목에 칼이 들어오는 이슈는 아니니, 적절한 선에서 나름의 입장을 정리하는 것이다.

'에라, 잘 모르겠다. 구원에 관련된 중요한 이슈는 아니잖아!'

물론 이런 태도는 결코 건강하지 않다. 하나님이 주신 지성의 전통을 맛본 사람에게는 '어떻게 이 문제를 해결해야 하는가?'에 대한 숙제가 여전히 남아 있다. 이 문제가 직접적으로 구원에 관련된 중요한 이슈가 아니라고 생각하는 사람들도 있겠지만, 창조-진화 논쟁이 수많은 지성인을 신앙의 길에서 몰아내는 심각한 방해꾼이라는 사실은 분명하다.

기독교에 적대적인 친구가 진화론을 무기로 창세기나 기독교 신앙을 비웃거나, 신앙이 연약한 지체들이 과학과 신앙이 대립하는 것처럼 보이는 이슈들에 대해 물어올 때 뭐라고 답해야 할까? 문제는 이러한 질문에 누구도 쉽게 답을 해주지 않는다는 데 있다. 강단에서 설교하는 목사들은 주로 과학을 모르는 듯하고, 생물과 지질의 역사를 만 년으로 규정하는 창조과학의 입장도 왠지 찜찜하다. 그렇다고 목적도 없이 우연히 생물이 진화해 왔다는 리처드 도킨스 같은 무신론자들의 주장은 더더욱 받아들일 수가 없다. 답답한 현실이다.

나는 이런 배경에서 이 책을 썼다. 어릴 때부터 과학자의 길을 꿈꾸었고, 결국 그 길을 걷게 된 나에게 창조-진화 논쟁을 비롯하여 신앙과 과학의 관계를 이해하는 일은 커다란 숙제였다. 우선은 나 스스로가 과학과 신앙이 대립하는 듯한 이슈들에 대해 깊이 고민해야 했다. 그리고 그것이 어느 정도 정리된 뒤에는 주변 사람들이 과학 전공자에게 물어오는 질문들에 답할 준비가 되어 있어야 했다. 물론 신앙과 과학의 관계를 정립하는 일은 크리스천 과학자라면 마땅히 거쳐 가는 과정일 수도 있다. 특히 천문학이라는 순수과학을 연구하기 때문에, 나의 관심은 자연히 창조-진화 논쟁을 비롯한 신앙과 과학의 관계에 대해 더 기울어졌다. 그럴 수밖에 없는 것이 천문학에서는 우주의 나이를 대략 140억 년이라고 결론짓는 반면, 얼핏 보기에 성경은 천지창조가 6천 년 전쯤에 있었다고 말하는 것 같았기 때문이다.

물론 모든 고민이 끝나고 모든 문제에 대해 답을 갖게 된 것은 아니다. 어떤 면에서 나의 공부는 아직도 계속 진행 중이고 이 공부는 영원히 끝나지 않을 것이다. 그 끝나지 않을 여정 가운데 씨름한 지금까지의 고민과 해답들 그리고 다양한 시각들을 바탕으로, 신앙과 과학을 보는 균형 잡힌 관점을 특히 크리스천 과학자의 입장에서 제시하고자 한다.

본격적인 내용에 들어가기에 앞서 나 자신에 대한 소개가 필요할 것 같다. 나는 장로교인 부모님 밑에서 모태로부터 신앙 가운데 성장했다. 그때만 해도 교회 문화는 세상 문화보다 한 수 위였고 그래서 나는 주일학교를 통해 신앙의 기본기뿐 아니라 문화적·사회적으로도 성장할 수 있었다. 그리스도에 대한 개인적 신앙 고백은 초등학교 시절에 있었고, 주 되심에 대한 고백은 대학 초년 시절에 있었던 것으로 기억한다. 대학 시절에는 IVF(한국기독학생회)에서 활동하면서 귀납법적 성경공부와 기독교 세계관을 배웠고 이 둘은 내 신앙의 기초가 되어서 지금도 성경과 세상을 이해하는 기본적 틀이 되고 있다. 한국에서 석사과정을 시작하면서 신앙과 학문의 통합에 대해 고민하는 동료 크리스천 대학원생들을 만났다. 그 모임에서 나는 전공과 신앙 사이의 문제들에 대해 더 구체적인 해답을 찾아가기 시작했다. 배움의 시절이었던 그때를 거쳐 내가 내린 결론은 두 가지다. 첫째, 성경을 제대로 이해해야 한다. 둘째, 과학을 제대로 이해해야 한다. 그래서 이 책을 통해서 내가 씨름해 온 문제들에 대해 가능한 한 다양하고 넓은 시각을 제시하려고 한다.

나무보다는 일단 숲을 보는 것이 중요하다. 신앙과 과학이라는 두 가지 큰 틀을 이해하려는 마음으로 이 책 「무신론 기자, 크리스천 과학자에게 따지다」를 접할 때, 하나의 절대적인 정답보다는 복잡 다양하고 구체적인 문제들을 제대로 이해하고 해결해 갈 수 있는 시각을 갖게 될 것으로 기대한다. 물론 과학자라는 나의 정체성이 이 책에 깊이 반영되어 있을 수밖에 없다. 그러나 과학자의 시각으로 신앙과 과학의 관계를 보는 것은, 한쪽으로만 치우친 기독교계의 시각을 바로잡아 주는 작은 노력이 될 것임에 틀림없다.

1부

과학에 대해 고찰하다

1. 과학과 기독교, 하나만 택하라고?
2. 과학과 신앙에 대해 오해하는 것들
3. 중립적인 과학에 대해 꼭 짚고 넘어갈 점
4. 과학을 숭배하는 무신론자들

1.
과학과 기독교,
하나만 택하라고?

자칭 무신론자 박 기자의 생각

박 기자는 곁눈질로 텔레비전을 보며 열심히 기사를 정리하고 있었다. 신입 기자로 들어와 과학부에 몸담은 지도 벌써 2년. 외신을 통해 들어오는 과학 기사를 정해진 규격에 넣어 독자들의 입맛에 맞게 다듬는 데는 제법 능숙해졌다. 이번 기사는 우리 은하 중심에 존재하는 블랙홀에 관한 기사였다. 물질과 에너지를 먹어 치우는 우주의 괴물 블랙홀에 관한 기사는 매번 독자들의 관심을 끈다. 그러나 지금 그의 관심은 오히려 텔레비전에서 방영되는 토론에 점점 쏠리고 있었다.

'흠, 저런 말도 안 되는 논리로 과학이 틀렸다고 주장하고 있으니 정말 한심하군.'

박 기자가 인상을 찌푸리며 비웃고 있는 것은 바로 텔레비전 토론 프로그램에서 과학자들과 토론을 벌이고 있는 크리스천들이었다. 어느 방송사가 모 대학의 생물학 교수 두 명과 창조과학자라는 크리스천 두 명을 각각 초청하여 '창조인가 진화인가'라는 제목의 토론회를 방영하고 있었다. 과학부 기자들 사이에서 가끔씩 안줏거리로 씹히는 기독교계의 견해는 너무나 비논리적이고 비과학적이라서 다들 웃어넘겨 버리곤 했다. 지구의 나이가 만 년이라고 주장하면서 진화론이 틀렸다고 공공연히 확언하는 기독교의 입장은 한마디로 생물학뿐 아니라 지질학·천문학·물리학 등 과학 전반을 부정하는 입장이었다. 그는 생각했다.

'크리스천들은 하나같이 바보가 아닌가? 도대체 어떻게 저런 입장을 고수할 수 있지?'

기사 작성에 피로감을 느끼던 박 기자는 아예 작업을 멈추고 담배를 꺼내 들면서 텔레비전에 집중했다. 기독교를 비웃기라도 하듯 생물학자들은 조리 있게 창조과학자들을 공격했고 설득력 있게 진화론에 대해 설명하고 있었다. 그러면서 그들은 신을 믿는다는 것이 얼마나 우스꽝스러운 일인지를 신랄하게 비판했다. 하지만 토론이 그 대목에 이르자 박 기자는 마음이 약간 불편해졌다. 기독교가 내세우는 얼토당토않은 비과학적 주장들에 혀를 내두르는 그였지만, 그리고 스스로 무신론자라 자칭하는 그였지만, 신에 대한 신앙 자체를 비판하는 것은 왠지 별로 내키지 않았다. '그래도 혹, 신은 어딘가에 존재하는 게 아닐까? 언젠가는 나도 다시 신에게로 돌아가게 될 수도 있지 않을까?'라는 생각 때문이었다.

박 기자는 어린 시절 주일학교에 다녔던 기억을 떠올렸다. 교회에서 고등부 회장까지 했던 그는 대학에 들어가면서 점점 신앙을 잃었

과학부 기자들 사이에서 가끔씩 안줏거리로 씹히는
기독교계의 견해는 너무나 비논리적이고 비과학적이라서
다들 웃어넘겨 버리곤 했다.
지구의 나이가 만 년이라고 주장하면서
진화론이 틀렸다고 공공연히 확언하는 기독교의 입장은
한마디로 생물학뿐 아니라
지질학·천문학·물리학 등 과학 전반을 부정하는 입장이었다.

다. 화학을 전공하면서 과학에 매료되면서 비논리적 사건들로 가득해 보이는 기독교에 점점 흥미를 잃었던 것이다. 과학이 명료하게 보여 주는 것을 틀렸다고 주장하는 목사의 설교를 더 이상 참을 수가 없었다. 지구의 나이가 만 년밖에 되지 않았다는 말을 믿으라는 말인가? 그러다 보니 목사의 설교 전반에 대해 의심이 들기 시작한 건 어찌 보면 당연한 일이었다. 때때로 그는 '기독교가 주장하는 진리라는 것들도 모두 그 수준이 아닐까?' 하고 생각했다.

깊어만 가는 그의 고민을 어느 누구도 해결해 주지 못했다. 교회 청년부의 선배들이나 전도사도 그가 이성적 질문을 던질 때면 믿음이 부족하다며 오히려 그를 나무랐다. 어쩌면 그의 주변에는 너무나 뜨거운 신앙인들만 있었는지도 모른다. 결국, 교회에서 가르치는 그런 얼토당토않은 주장들을 회피하는 방법은 그의 삶의 일부였던 기독교 전부를 버리는 길밖에 없었다. 대학 초년 때까지 교회를 나가기는 했지만 과학을 전공하는 친구들 사이에서 기독교에 대한 비판이 나올 때마다, 그리고 과학을 부정하고 몰상식한 믿음을 요구하는 기독교가 비웃음을 살 때마다 그는 조금씩 자신의 내면에서 기독교를 지워 갔다.

이렇듯 차디차게 식은 그였지만 자신이 경험했던 신에 대한 기억은 꺼지지 않는 불씨처럼 그의 내면 깊이 남아 있었다. 어쩌다 떠오르는 그 기억은 자신의 버거운 무신론을 잠시 흔들기도 했다. 신이라는 존재에게 기도하며 나름대로 응답이란 걸 받았던 기억이라든지, 친구들과 함께 뜨거운 신앙과 사랑을 나눴던 경험들은 그의 존재 안에서 뭔가 채워

지지 않는 잃어버린 낙원에 대한 갈망으로 남아 있었다. 그러나 그때마다 과학을 신뢰하는 그의 이성은 희미하게 남아 있는 그 기억을 여지없이 눌러 버렸다. 그가 알고 있는 이 모든 논리적인 과학이 다 틀렸을 수는 없다. 그렇다면 과학이 틀렸다고 말하는 기독교가 틀렸을 뿐이다.

박 기자는 잠자코 방송을 지켜봤다. 방송 토론의 결론도 그의 결론과 다를 바 없었다. 생물학자들은 진화론이 진리이며 그렇기 때문에 '무신론이 옳다'는 주장을 폈고, 창조과학자들은 진화론이 틀렸다면서 '신은 반드시 존재한다'고 주장했다. 결국 그것은 '기독교 아니면 과학'이라는 양자택일의 문제였다. 텅 빈 사무실은 어느새 줄담배 연기로 가득 메워지고 있었다.

박 기자, 한 교수를 인터뷰하다

어젯밤 야근을 핑계로 느지막이 출근한 박 기자의 책상에는 편집장이 준 서류가 놓여 있었다. 최근 베스트셀러에 오른 어떤 책의 저자에 대한 기사를 작성하라는 일감이었다. 이달의 특집으로 구성될 문화면에 실릴 기사인데 저자 인터뷰를 비롯해 주목할 교양 과학서 한 권을 소개하는 기획기사였다. 서류와 함께 놓여 있는 책을 훑어보던 박 기자는 저자의 이름과 사진을 보고는 흠칫 놀랐다. 한 별 박사, ○○대학 교수라고 표기된 저자는 중학교 때 박 기자가 다니던 교회의 주일학교 선생님이었던 것이다. 당시 대학생이었던 선생님은 성경공부 시간이 끝나면 아이들을 한 명씩 따로 불러 상담을 하곤 했다. 사춘기 시절이라 딴청을 피우며 수동적으로 앉아 있던 때가 대부분이었지만, 그래도 그에게 관심을 갖고 힘든 일 없냐며 챙겨 주던 그 선생님에 대한 기억은 박 기자에게 뚜렷이 남아 있었다. 교회를 마지막으로 나갔던 대학 시절에 그 선생님이 유학을 갔다는 소식을 들었는데, 아마도 한국에서 대학 교수로 자리를 잡고 귀국한 모양이었다. 그분과 만나 인터뷰를 할 생각을 하니 박 기자는 기분이 묘해졌다. 더구나 박 기자 자신은 이제 더 이상 크리스천도 아니지 않은가.

재미있는 사실은 그 선생님의 약력이었다. 이번 기사의 소재가 될 교양 과학서뿐 아니라 신앙과 과학에 관련된 두세 권의 책이 그 선생님의 저서로 올라 있었다. 박 기자는 왠지 모를 묘한 기대감에 사로잡혔다.

'흥미로운 만남이 될지도 모르겠군.'

두 주 후에 잡힌 박 기자와 한 교수의 인터뷰는 의외로 간단히 끝났다. 해당 출판사의 보도자료가 이미 책의 내용을 상당 부분 설명해 주었고, 책 자체가 명료하게 저술되어서 박 기자 자신도 재미있게 읽은 탓에, 인터뷰는 거의 사실관계를 확인하는 수준에서 마무리된 것이다. 십여 년 만에 만난 옛 주일학교 제자와 선생님의 대화는 자연스레 개인적인 내용으로 옮겨 갔다. 기자 생활에 대한 얘기를 듣던 한 교수는 박 기자에게 요즘 어느 교회에 나가냐고 대뜸 물었다.

"저, 이제 교회는 다니지 않습니다. 허허허."

멋쩍게 웃는 그를 차분한 표정으로 바라보던 한 교수는 그에게 교회를 다니지 않는 이유를 물었다.

"글쎄요, 더 이상 믿기지 않아서라고나 할까요?"

그렇게 시작된 대화는 결국 그가 신앙을 버리게 된 근본 이유였던 과학과 신앙의 대립 문제로 넘어갔다. 박 기자는 며칠 전에 본 텔레비전 토론 프로그램을 끄집어냈다.

박 기자 기독교는 인간과 우주가 만 년 전에 창조되었다고 주장하면서 대부분의 과학을 부정하지 않습니까? 과학이 다 틀렸다는 것은 말이 안 됩니다. 과학과 신앙 둘 중에 하나를 선택하라면 저는 당연히 과학을 택하겠습니다. 과학자이신 한 교수님은 어떻게 하시겠습니까?

한 교수 흠, 자네는 과학이라는 종교를 믿는 신자 같구먼. 글쎄, 꼭 둘 중에 하나만 선택하라고 한다면 나도 과학을 선택하고 신앙을 버리게 될지도 모르겠네, 허허허. 그러나 과학과 신앙 중에 꼭 하나만 선택하라고 누가 그러던가? 당연히 둘 다 선택해야지. 물론 거기엔 제대로 된 과학과 신앙이라는 전제가 필요하지.

박 기자 아니 그게 무슨 말씀입니까. 어떻게 과학과 신앙을 둘 다 포용할 수 있단 말입니까. 그건 논리적으로 모순 아닌가요?

한 교수 많은 사람이 박 기자처럼 생각하지. 그러나 내 생각에 그건 오해일세. 과학과 신앙은 서로 적대적인 관계가 아니야. 과학을 버리지 않으면서도 얼마든지 크리스천이 될 수 있네. 아니, 오히려 크리스천이

흠, 자네는 과학이라는 종교를 믿는 신자 같구먼.
글쎄, 꼭 둘 중에 하나만 선택하라고 한다면
나도 과학을 선택하고 신앙을 버리게 될지도 모르겠네, 허허허.
그러나 과학과 신앙 중에 꼭 하나만 선택하라고
누가 그러던가? 당연히 둘 다 선택해야지.

기 때문에 더욱 과학에 매진할 이유를 찾게 되거든. 그런 생각을 갖고 있는 크리스천 과학자는 사실 주위에서 얼마든지 찾아볼 수 있어.

박 기자 잘 이해가 안 됩니다. 신앙에 적당히 물 타기를 하지 않고서도 어떻게 그런 일이 가능하단 말입니까?

한 교수 천천히 얘기를 나눠 보기로 하세. 우선 자네가 먼저 왜 과학과 신앙 중에 하나를 선택해야 한다고 생각하는지 그 이유를 말해 줄 텐가?

박 기자 그건 제가 말씀드린 텔레비전 토론 프로그램의 예처럼 당연하지 않습니까? 과학을 믿는다면 우주와 생물의 탄생도 과학적으로 설명할 수 있으니까 신의 존재가 필요 없게 되지요. 그리고 성경의 창조 이야기를 믿는다면 진화론 같은 과학이나 지구의 나이를 45억 년이라고 말하는 지질학은 버릴 수밖에 없지 않습니까?

한 교수 흠, 그렇군. 자네도 그 오해에 빠져 있군. 너무나 편만해서 오해라는 생각조차 해 보기 힘든 오해 말이야.

만일 자네 말처럼 과학과 신앙 중에 하나를 선택해야 한다면 근대 과학의 체계가 세워지던 시기에 유럽의 많은 과학자들이 크리스천이었다는 것을 어떻게 설명할 수 있겠나? 그리고 현재도 많은 과학자들이 기독교를 비롯한 다양한 종교를 믿고 있다는 것은 또 어떻게 설명할 수 있지? 크리스천 과학자는 제대로 된 신앙인이 아니거나 혹은 진정한 과학자가 아니라 흉내만 낼 뿐이라는 식의 설명밖에 없지 않나?

박 기자 글쎄요. 종교를 갖는 과학자는 별로 많지 않을 것 같습니다.

대부분의 과학자는 무신론자일거라고 생각합니다. 기독교의 신이 우주를 창조했다고 믿는 창조과학자들은 크리스천이긴 하지만 분명 제대로 된 과학자라고는 할 수 없겠죠.

한 교수 나는 창조과학자를 지칭한 것은 아니었네. 창조과학자에 관해서는 좀더 설명이 필요하겠지만 일단 내가 말한 요점은 자연과학의 각 분야에서 연구 활동에 전념하는 과학자 중에 크리스천을 비롯한 신앙인이 많다는 말일세.

박 기자 그런가요? 하지만 교회 다니는 과학자들이 있다고 해도 매우 소수 아닐까요?

한 교수 크리스천 과학자의 숫자가 얼마나 많은가는 중요한 게 아닐세. 전 세계 인구 중에 이슬람을 믿는 사람이 50퍼센트 이상이라면 자네는 이슬람이 진리라고 말할 텐가?

박 기자 물론 그렇진 않죠. 하지만 숫자가 적다는 것은 그만큼 현실을 대변해 주는 것 아니겠습니까?

한 교수 글쎄. 오히려 크리스천 과학자가 존재한다는 사실이 과학과 기독교를 둘 다 수용할 수 있는 길이 있다는 점을 명백히 보여 준다고 생각할 수도 있지 않나. 자네가 기독교와 과학은 서로 모순된다고 얘기한 반면, 나는 꼭 그렇지만은 않다는 점을 크리스천 과학자의 예로 제시한 것이네. 자네처럼 기독교와 과학은 서로 모순된다는 오해를 하는 사람들이 정말 많은 건 사실이야.

생각할 문제

1. 어린 시절부터 자신이 믿던 신앙을 버린 사람을 알고 있다면 그와 함께 나눠 보자. 그가 신앙을 버리게 된 근본 이유는 무엇인가? 그 이유에는 일리가 있는가? 혹시 과학과 관련된 이유(특히 창조-진화 논쟁) 때문에 신앙을 버린 예가 있다면, 그가 신앙을 회복하기 위해 어떤 도움을 줄 수 있을지 토론해 보라.

2. 과학이 가르쳐 주는 내용과 명백히 상충되는-예를 들어 지구의 나이가 만 년이라는-주장을 설교 시간에 들어 본 적이 있는가? 그러한 설교에 대해 어떻게 반응하는 것이 가장 현명한 태도일까? 과학과 충돌되는 그런 주장들이 복음에 어떤 영향을 미친다고 생각하는지를 다음 세 가지로 나눠 생각해 보라. ①복음을 약화시킨다 ②복음을 강화한다 ③별로 영향을 주지 않는다. 과학에 대한 무지가 복음의 입지를 약화시킨다면 이런 오해를 막기 위해 당신이 취할 수 있는 역할은 무엇인가?

3. 과학이 신앙에 방해가 되는 면과 도움이 되는 면을 예로 들어 보라. 당신은 박 기자처럼 과학과 신앙, 둘 중 하나를 선택해야 한다고 생각하는가? 혹은 한 교수처럼 과학과 신앙은 함께 포용해야 한다고 생각하는가?

2.
과학과 신앙에 대해 오해하는 것들

과학과 신앙, 꼭 양자택일해야 하는가?

<u>한 교수</u> 크리스천이든 아니든 사람들이 흔히 갖는 두 가지 오해가 있네. 첫째는 창조과학이 기독교의 유일한 입장이라는 오해야. 흔히 영어권에서 창조론(creationism)이라고 불리는 입장은 자네 말처럼 인간이 약 만 년 전에 신에 의해 창조되었다고 보네. 물론 우주나 지구의 나이도 만 년 정도로 보지. 그것이 생물학·지질학·천문학 같은 대부분의 자연과학을 부정하는 입장이라는 자네 말은 맞네. 자연과학에서는 우주나 생물의 역사가 만 년과는 비교도 안 될 정도로 매우 오래되었다는 결론을 내리고 있으니까 말일세. 우주나 지구의 나이에 관해 창조과학과 과학은 결코 조화될 수 없는 상반된 주장을 하고 있지.

사실 창조과학은 기존의 과학 대신에 성경을 토대로 한 새로운 과학을 세우겠다는 동기를 갖고 있네. 동시에 성경의 내용들이 과학으로 증명될 수 있다는 입장을 갖고 있어. 이런 견해를 갖고 있는 사람을 창조과학자라고도 하고 창조론자라고도 하는 것이지.

크리스천이든 아니든 사람들이 흔히 갖는 두 가지 오해가 있네.
첫째는 창조과학이
기독교의 유일한 입장이라는 오해야.

하지만 창조론이라는 말은 원래 훨씬 더 넓은 의미를 담고 있다네. 창조론의 핵심 개념은 신이 천지를 창조했다는 개념이고, 인간과 우주가 만 년 전에 창조되었든 수십억 년 전에 창조되었든 그것은 중요한 문제가 아닐 수도 있다는 말이야. 하지만 안타깝게도 창조론이라는 말은 주로 좁은 의미로 사용되고 있지. 좁은 의미로 사용되는 창조론의 기준에서 보면, 나는 신의 창조를 믿지만 창조론자는 아닐세. 창조론이라는 말은 사실 다양한 뜻을 갖고 있으니까 오해를 피하기 위해 지금부터는 창조론 대신에 창조과학이라는 말을 쓰도록 하겠네.

자네가 본 텔레비전 토론 프로그램처럼 창조과학이 흔히 기독교를 대표하는 유일한 목소리로 비쳐지는데 그건 상당히 잘못된 편견이야. 그 텔레비전 프로그램뿐 아니라 대부분의 대중매체에서 과학과 신앙의 문제를 접근하는 방식도 극단적인 시각들만을 부각하는 잘못된 접근 방식을 취하고 있네. 교회의 강단이나 주일학교에서 창조과학을 유일한 기독교의 입장으로 가르치는 것도 이런 대중적 오해에서 비롯된 것이야. 물론 사태가 이 지경까지 이른 이유가 있긴 하지. 지난 백 년 이상 진화-창조 논쟁이 진행되면서 상당히 잘못된 선입견이 생겨버린 것이지. 창조과학이 유일한 기독교적 입장이라는 오해는, 진화론을 무신론의 무기로 사용한 무신론 과학자들과 이에 맞서 기독교를 변호하려고 했지만 과학을 부정하는 방식을 취했던 창조과학자들의 논쟁에서 비롯되었다 해도 과언이 아닐세.

그리고 이런 오해는 흔히 창조과학자에게 기독교를 대변하게 하고, 무신론자에게 과학을 대변하게 해서 논쟁을 붙이는 대중적인 구도에서 심화·발전된 거야. 종교와 과학의 싸움처럼 보이는 이런 좋은 기삿거리를 놓칠 리 없는 대중매체는 팡파르를 울리며 과학과 신앙의 대결 구도를 확대 재생산하고, 과학과 신앙 간의 적대성을 확연히 드러내는 대중매체의 헤드라인들을 접하는 독자들은 그저 과학과 신앙(좁게는 진화와 창조)의 편 가르기에 매우 익숙해지는 것일세. 하지만 많은 크리스천 과학자가 지적했듯이, 과학을 부정하는 창조과학자와 신앙을 부정하는 무신론 과학자를 세워 토론을 시키는 대중적 접근 방식은 너무나 얄팍한 상업주의와 아마추어 저널리즘이라는 비판을 피할 수 없다네.

진화론 대 진화론?

박 기자 교수님은 마치 진화론과 무신론이 다르다고 말씀하시는 것 같군요. 진화론이 어떻게 무신론과 다를 수 있다는 것인지 이해가 잘 안 됩니다.

한 교수 진화론이라는 말은 진화주의(evolutionism)라는 의미로 쓰일 때가 있고, 진화 이론(evolutionary theory)이라는 의미로 쓰일 때가 있네. 보통 진화론이라고 하면 무신론까지 하나로 묶어서 진화주의를 의미하는 경우가 많지만, 진화에 대한 과학 이론 자체는 사실 무신론과는 엄연히 다르지. 가령 생명체가 어떻게 변해 가는지를 과학적으로 탐구한 내용을 진화 이론이라고 부를 수 있네. 하지만 그 이론 자체는 무신론이 아닐세. 만일 그 진화 이론을 토대로 '거봐라. 인간은 신이 창조한 것이 아니다. 자연이 우연히 만들어 낸 것이다'라고 해석한다면, 그때는 무신론이 되는 것이지. 소위 진화주의가 된다는 말일세. 하지만 거꾸로 진화 이론을 토대로 '이것이 바로 신이 인간과 생물을 창조한 방식이구나'라고 해석한다면, 무신론이 아니라 유신론이 되는 것이지. 넓은 의미의 창조론 말일세.

다시 말하면 생물의 변화 과정을 연구하는 진화 이론 자체는 무신론 혹은 유신론이 아니라 그저 과학이라는 말이지. 무신론이나 유신론은 과학에 대한 하나의 해석이라고 할 수 있네. 그 해석은 사실 세계관적 논의라고 할 수 있지. 즉 어떤 세계관에 기초해서 해석을 하는 것이라는 말일세. 신이 우주를 창조했는지 아닌지를 다루는 것은 세계관적 논의라고 할 수 있지. 반면 신이 창조했던 혹은 신 없이 우주가 생성되었든 우주가 어떻게 만들어졌는지를 다루는 것은 과학적 논의일세. 세계관적 논의와 과학적 논의는 분명히 서로 다른 차원을 다루는 것이지.

박 기자 세계관적 논의라면 철학적 논의를 말씀하시는 건가요?

한 교수 그렇다고 할 수 있지. 세계관이라는 것은 우리가 사는 세상을 이해하는 기본적인 전제들이지. 세상을 보는 안경이라고나 할까. 신이 존재한다고 믿거나 없다고 믿는 것, 혹은 죽음 이후의 세계가 있다고 믿거나 없다고 믿는 것 등과 같은 것들이지. 어떤 전제를 갖는가에 따라 세상이 달라 보이는 법이거든. 그러니까 '신이 존재하는가, 존재하지 않는가' 같은 문제는 세계관의 문제라는 것이지.

과학 이론과 세계관 사이에 이 같은 차이점이 있음에도 불구하고 서로 다른 의미로 진화론이라는 말을 사용하기 때문에 불필요한 오해가 발생하고 있지. 가령, 과학자는 주로 진화 이론 혹은 진화 과학이라는 의미로 진화론이라는 말을 사용하는 반면, 창조과학자나 무신론 진화론자는 진화주의라는 의미로 진화론이라는 용어를 사용하는 경우가 많아. 그래서 진화라는 말을 정의하는 것에서부터 창조-진화 논쟁이 시작되곤 하지.

박 기자 그렇다면 결국 교수님은 진화론이 유신론과 모순되지 않는다고 말씀하시는 건가요?

한 교수 창조-진화 이슈들을 다룰 때 나는 진화, 진화 이론, 진화주의, 이 세 가지를 구별하는 일이 매우 중요하다고 생각하네. 우선 진화라는 말은 과학에서 흔히 사용되는 용어이고 넓게 보면 시간에 따른 변화를 의미하지. 우주 진화라고 하면 백억 년이 넘는 우주의 역사 동안 균일했던 우주가 복잡한 우주로 변해 가는 과정을 의미하네. 생물 진화라고 하면 시간에 따라 더 복잡한 종이 출현한 과정을 의미하는 것이지. 그러니까 진화라는 것은 자연현상 자체라고 볼 수 있어. 넓은 의미에서 진화라는 것은 과학자가 재료로 사용하는 경험 데이터에 가깝다고 할 수 있지. 가령 우주의 팽창이나 우주배경복사 같은 것은 과학의 도구들을 통해서 관측이 되는 자연현상이고 과학 이론을 세우는 데 기초가 되는 경험 데이터라고 할 수 있지. 화석이라든가 유전자 같은 것들도 생물학의 다양한 이론들을 세우는 데 사용되는 데이터라고 할 수 있지.

반면 진화 이론이라는 것은 진화라는 자연현상을 설명하는 하나의 과학 이론이라고 정의할 수 있네. 과학자들이 얻은 경험 데이터를 토대로 자연현상 간의 인과관계나 진화가 일어나는 기제나 원인을 다루는 것이 바로 진화 이론이지. 가령 대폭발 우주론은 우주 팽창이 왜 일어나는지를 설명하는 과학 이론이고, 생물 진화 이론은 시간에 따라서 더 복잡한 종이 발생하는 진화 현상을 자연선택이라든가 유전자변이라든가 적응 같은 기제를 통해서 설명하는 과학 이론이지.

그러나 진화주의는 과학이 아닐세. 진화주의는 진화 이론을 무신론적으로 해석한 하나의 세계관이라고 할 수 있네. 가령 생물 진화라는 자연현상이 생물 진화 이론이라는 과학으로 잘 설명된다면 더 이상 신은 필요 없다고 주장하는 무신론자의 주장이 바로 진화주의라고 할 수 있지. 무신론자의 진화주의는 진화라는 자연현상과 진화 이론이라는 과학을 토대로 무신론을 주장하는 하나의 세계관 혹은 철학적 논증이라고 할 수 있어. 그러나 정반대의 해석도 가능하네. 진화는 신이 다양한 생물의 종들을 창조한 방식이고 진화 이론은 그 창조의 방법을 밝힌 것이라는 해석도 가능하단 말일세. 이것은 진화와 진화 이론을 유신론적으로 해석한 것이지. 이런 입장은 유신론적 진화론이라 부르기도 하지. 즉 진화론을 유신론의 세계관으로 해석했다는 의미라네.

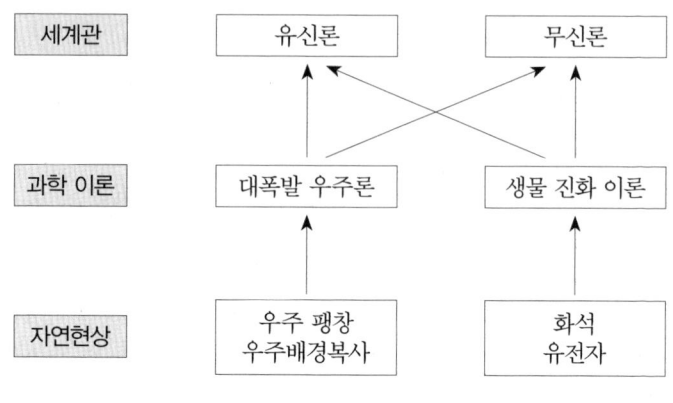

세계관, 과학 이론, 자연현상

세계관은 우리가 사는 세상과 우주를 보는 하나의 틀이다. 세계관은 우주의 근원적인 질문들에 대한 믿음으로 구성되는데, 가령 '신은 존재하는가', '우주는 창조되었는가'와 같은 기본적인 전제들을 포함한다. 대표적인 세계관으로는 **유신론**과 **무신론**을 꼽을 수 있다. 반면 과학 이론은 어떤 현상을 자연과학의 방법을 이용하여 이해하는 방식이며, 과학 이론은 세계관적 논의와는 차원이 다르다. 그렇기 때문에 과학 이론은 유신론과 무신론의 세계관 각각에 따라 다르게 해석될 수 있다. 생물의 기원 문제를 다룬 진화 이론이나 우주의 진화를 다룬 대폭발 우주론은 무신론의 세계관 아래 포함될 수도 있지만 유신론의 세계관 아래 포함될 수도 있다. 진화는 진화 이론의 토대가 되는 자연현상 혹은 경험 데이터를 가리킨다. 우주 팽창 혹은 우주배경복사 같은 우주 진화의 데이터나 화석 혹은 유전자 같은 생물 진화의 데이터는 과학자가 사용하는 원료에 해당하며, 이를 토대로 자연현상의 인과관계를 설명하는 과학 이론이 만들어진다.

박 기자 그러니까 진화와 진화 이론, 그리고 진화주의를 구별해야 한다는 말씀이군요. 이런 구별은 처음 들어 봅니다. 일반 사람들은 흔히 그 세 가지를 같은 것으로 생각할 텐데요.

한 교수 그렇지. 사실 자연현상과 과학과 세계관은 세 가지 다른 층위에 있는 것이지. 자연현상을 과학적 방법으로 해석한 것이 과학이라고 할 수 있고, 자연현상을 철학적 방법으로 해석한 것이 세계관이라고도 할 수 있지. 어디까지가 경험 데이터이고 어디서부터가 해석인지를 구분하는 것도 과학이나 과학철학의 중요한 주제이긴 하지만, 내가 하고 싶은 얘기는 자연현상에 해당하는 데이터 자체는 부정할 수 없다는 것이지. 시간의 흐름에 따라 우주의 모습이 바뀌어 왔고 보다 복잡한 종이 출현했다는 것 자체는 부정할 수 없는 사실이네. 그리고 그런 데이터를 토대로 과학적 설명을 시도하는 과학 이론을 무조건 틀렸다고 할 수도 없네. 전문성을 가진 과학자가 하는 과학 이론을 외부에서 근거 없이 부정하는 일은 무척 잘못된 일이지. 그런 판단은 과학자들에게 맡겨야 하네.

박 기자 한마디로 교수님은 진화나 진화 이론은 인정하되 진화주의는 인정하지 않는다는 입장이시군요.

한 교수 경험되는 자연현상 자체를 부정할 수는 없는 노릇이고, 그 현상에 대한 과학 이론이 타당한지 그렇지 않은지는 과학자가 판단할 일이 아니겠나? 반면에 진화 이론과 같은 과학 이론을 해석하는 방식은 무신론이나 유신론의 세계관 입장에서 다 가능하니 어느 해석이 옳은지를 과학만으로는 판단할 수 없는 것이지.

어쨌거나 오랫동안 창조과학과 진화론의 입장이 서로 충돌했고, 특히 미국 사회에서 정치적·사회적 마찰을 일으켰던 것도 사실일세. 그런데 자네는 이 논쟁의 피해자가 누구라고 생각하나?

박 기자 진화론을 반대하는 크리스천 때문에 그만큼 과학의 발전이 더딘 것 아닌가요? 과학의 혜택을 그만큼 누리지 못하게 된 인류가 궁극적인 피해자 아닐까요.

한 교수 그렇게 생각할 수도 있겠구먼. 내가 보기에는 무신론 진화론자와 창조과학자의 싸움이 낳은 진정한 피해자는, 과학을 폐기 처분해 버린 많은 크리스천과 신앙을 폐기 처분해 버린 많은 지식인일세. 자네를 포함해서 말일세. 무신론자도 창조과학자도 아닌 다수의 과학자도 어떤 면에서는 '창조냐 진화냐'라고 하는 틀에 갇혀 버린 또 다른 피해자라고 볼 수 있지.

창조과학의 입장처럼 과학과 신앙을 갈등관계로 보는 입장이 기독교의 유일한 견해가 아니라는 것은 신앙과 과학에 대한 입문서 한두 권만 제대로 읽어 봐도 충분히 알 수 있는 사실이네. 물론 그런 책들도 대다수의 크리스천이 기독교의 다양한 입장들에 대해서 무지하다는 것을 줄곧 지적하고 있지. 창조과학도 기독교의 견해임은 분명하네. 신의 창조를 지지하니까 말일세. 하지만 그 외의 다른 견해들에도 귀를 기울일 필요가 있는 것이지.

박 기자 그런데 사실 이해가 잘 안됩니다. 창조과학 외에 어떤 입장이 가능하다는 말씀이죠? 다른 기독교적 입장이 정말 있다는 말씀인가요?

한 교수 예를 들어, 창조주가 진화라는 방법을 사용해서 생물을 창조했다고 보는 진화 창조론을 꼽을 수 있지. 과학 이론으로서 진화론을 받아들이지만, 과학이 찾아낸 결과가 바로 창조주가 세상을 창조한 방식이라고 보는 입장이네. 그래서 신의 창조를 믿기 때문에 '창조론'이라는 표현을 쓰고, 신의 창조가 진화를 통해서 이루어졌다고 보기 때문에 '진화'라는 수식어를 덧붙여서 진화 창조론이라고 부르지. 또 다른 입장으로는 창조주가 어떤 방식으로 세상을 창조했는가 하는 문제는 과학이 다룰 문제일 뿐 창조주를 믿는 믿음과는 무관하다고 보는 견해도 있네. 이런 견해를 상호 독립의 입장이라고 부르는데 창조주를 믿는 믿음이 중요할 뿐이지 창조가 과연 어떻게 이루어졌는가 하는 문제는 신앙과 무관하다는 입장이지. 사실, 무신론 자체는 거부하지만 과학으로서의 진화 이론을 아무 문제 없이 받아들이면서도 매우 신실한 신앙을 가진 크리스천을 나 개인적으로도 많이 알고 있다네.

박 기자 창조과학 말고 다른 기독교적 견해가 있다는 말은 처음 들어 봅니다.

한 교수 자네는 지식인이지만 지식인다운 숙제는 아직 안 했군. 인터넷에 꼬리를 물고 달리는 얄팍한 댓글보다는 어느 정도 깊이 있는 책들을 읽어 볼 필요가 있네.

대부분의 과학자는 무신론자?

박 기자 교수님의 말씀을 정리하면, 과학이 다루는 내용은 신의 존재를 다루는 세계관적 논의와는 무관하다고 말씀하시는 것처럼 들립니다. 과학이 무신론을 지지하지 않는다는 말씀이신가요? 저는 동의하기 어렵습니다.

한 교수 허허허, 그렇겠지. 과학과 무신론이라는 말을 동의어로 생각하는 사람이 굉장히 많으니까. 특히 자네와 같은 지성인 중에 말이야.

박 기자 제가 꼭 그렇게 표현하지는 않았습니다. 저는 과학이 '유신론이 틀렸다'는 것을 명백하게 보여 주기 때문에 과학이 무신론을 지지한다고 생각합니다. 교수님은 과학이 무신론과 상관없다고 말씀하시는 것이고요.

한 교수 자네가 잘 정리해 주었군. 그래, '과학이 무신론을 지지하는 것은 아니다. 하지만 과학이 유신론이 틀렸다고 말하지도 않는다'는 것이 나의 주장이지. 물론 자네를 설득할 만큼 상세한 설명을 아직 하지는 않았군(이 내용은 3장에서 다룰 것이다). 하지만 그보다 먼저 과학자들에 대해 짚고 넘어가도록 하지.

흔히 '대부분의 과학자는 무신론자거나 무신론자에 가깝다'라는 편견을 갖는 경우가 많지. 이를테면 '과학자는 자연주의자다', '과학자는 초자연 세계를 인정하지 않는다' 같은 오해들 말일세. 물론 과학자 중에 무신론자가 있다는 사실은 틀림없지. 영국 옥스퍼드 대학의 리처드 도킨스 같은 생물학자는 과학, 특히 진화 이론으로 신앙을 공격하고 무신론을 설파하는 대표적인 무신론 전도사로 손꼽히지. 진화 이론을 진화주의로 확대하는 전략을 쓰는 거야. 그러나 진화주의는 진화 이론을 무신론 세계관의 입장에서 해석한 것이라는 얘기는 앞에서도 분명히 짚었네.

하지만 과학자가 되기 위해서 도킨스 같은 무신론자가 되어야 하는 것은 아니야. 오히려 많은 과학자들은 무신론자라기보다는 과학이 다룰 수 있는 영역만을 진리의 영역으로 받아들이지. 과학이 밝힐 수 있는 것까지만 받아들이고 그 이외의 영역에 대해서는 판단을 유보한다고나 할까? 이런 입장을 불가지론이라 부르기도 하네.

박 기자 불가지론이라면 신이 존재하는지 아닌지를 알 수 없다고 보는 입장을 말씀하시는 것이죠?

한 교수 그렇지. 신의 존재나 초월적 세계 등에 대해서는 과학이 별로 얘기해 주지 않기 때문에 알 수 없다는 입장을 갖는 것이지. 물론 불가지론의 입장도 다양하게 나누어 볼 수는 있네. 과학이 다루는 자연 세계 외에 진리는 알 수 없다고 한계를 긋는 입장도 있고, 다양한 입장에 대해 열려 있지만 판단을 유보하는 입장도 있지. 과학만을 가지고 얘기한다면 당연히 불가지론이 논리적 귀결이 될 수밖에 없지 않겠나.

박 기자 글쎄요. 저는 여전히 과학만을 두고 따지면 무신론으로 귀결된다고 생각합니다. 과학은 결국 신이 있다는 증거를 제시해 주지 않으니까요.

한 교수 자네 생각은 잘 알고 있네. 과학은 유신론이나 무신론 중 어느 것이 옳은지 판단해 주지 않는다는 내 주장과 자네 주장을 비교하는 일은 차차 해 보기로 하지. 어쨌거나 내 말은 불가지론의 입장을 취하는 과학자도 많지만 신의 존재를 믿는 과학자도 많다는 것일세. 그러니까 단지 과학 활동을 하는 것만 가지고 혹은 과학자라고 해서 그들이 유신론자인지 무신론자인지 구분할 수 없다는 것이지. 이 점은 동의할 수 있지 않겠나?

박 기자 과학자라고 해서 모두 무신론자라고 할 수는 없다는 점은 동의하겠습니다. 최소한 경험적으로 무신론자가 아닌 과학자가 존재한다는 것은 인정하니까요.

한 교수 나는 과학의 내용에 초점을 맞추는 것일세. 유신론자가 하든, 무신론자가 하든, 무슬림이 하든, 크리스천이 하든, 과학의 실험 결과는 같아야 한다는 것이 과학의 전제야. 왜냐하면 신의 존재를 믿든 믿지 않든, 물은 100도씨에서 끓고 과학은 누구에게나 같은 답을 주기 때문이지. 실험 결과가 과학자의 신앙에 따라 달라질 수 없다는 점에서 과학은 중립적이라고 할 수 있어. 그렇기 때문에 그런 과학 활동을 하는 과학자를 싸잡아서 자연주의자나 무신론자라고 말할 수는 없지. 과학의 방법론인 자연주의에 대해서는 더 깊은 논의가 필요하지만, 일단 다음에 다루기로 하세.

박 기자 교수님은 주로 무신론이 과학의 전제는 아니다, 혹은 과학자가 되기 위해서 무신론자가 되어야 하는 것은 아니라는 주장을 펼치시는 군요. '과학이 무신론의 증거는 아니다'라는 말씀을 하고 싶으신 거겠죠. 그러나 반대로 과학이 유신론을 증거한다는 얼토당토않은 주장을 크리스천이 많이 하지 않습니까? 가령 과학이 신의 존재를 증명했다는 식의 주장도 가끔 신문에 등장하죠. 저는 오히려 과학이 종교보다 우월하다는 입장입니다.

한 교수 나는 과학이 유신론을 증거한다는 일부 크리스천의 주장이나 과학이 종교보다 우월하다는 자네의 주장 모두 동의하지 않네. 과학이 신의 존재를 증명했다거나 부정했다는 말은 대부분의 과학자에게는 우스갯소리가 될 뿐이네. 그 이유는 과학자 스스로가 과학의 한계를 잘 알고 있기 때문이야. 적어도 신의 존재와 같은 초자연적 영역은 과학의 대상이 아니라는 것을, 혹은 과학이 다룰 능력이 없다는 것을 과학자는 매우 잘 알고 있지. 그러니까 과학이 유신론을 지지한다거나 무신론을 지지한다는 주장 모두 설득력이 없다네.

박 기자 그러나 창조과학자들은 과학을 통해 성경의 사실이 증명된다고 주장하지 않습니까?

한 교수 창조과학자 얘기가 또 나왔군. 물론 창조과학자들은 대다수의 과학자 의견에 동의하지 않네. 그들은 세속에 물든 과학이 아니라 제대로 된 과학이라면, 그 과학을 통해서 신의 존재나 성경의 사실들을 입증할 수 있다는 쪽으로 많이 기울어져 있지. 그러나 따져보면 창조과학자가 과학자들의 목소리를 대변한다고 볼 수 없네. 그뿐 아니라 크리스천 과학자들의 입장을 대변한다고 볼 수도 없지. 사실 대부분의 창조과학자는 자연과학자가 아니거든. 창조과학자에 대한 얘기는 기회가 된다면 다음에 심도 있게 하면 좋겠군.

갈릴레오 재판, 종교가 과학을 억압한 예가 아니다!

박 기자 기독교에 여러 가지 견해가 있다는 것에 대해서는 제가 조금 더 공부를 해 봐야겠습니다. 하지만 종교와 과학이 서로 적이라는 것은 역사가 보여 주지 않나요? 특히 종교가 과학을 억압해 온 역사적 사건들이 있지 않습니까? 지동설을 주장한 갈릴레오의 입을 막은 가톨릭 이단재판소의 종교재판이야말로 종교적 권위로 과학을 짓누른 대표적인 예가 아닙니까?

한 교수 글쎄, 표면적으로는 그렇게 보일 수도 있지. 하지만 그건 매우 순진한 시각이야. 갈릴레오 재판을 종교가 과학을 억압한 사건이라고 주장하는 것은 그 재판 뒤에 얽힌 복잡한 상황을 고려하지 않은 수박 겉 핥기 식 얘기가 되네. 뭐랄까, 단지 흑백논리로 가부를 결정지으려는 지혜롭지 못한 태도라고나 할까?

박 기자 저도 「갈릴레오의 딸」(Galileo's Daughter, 생각의나무) 같은 책을 읽어서 당시의 정치적 배경 등에 대해서는 어느 정도 알고 있습니다. 그렇지만 종교가 과학을 억압한 그 본질은 숨길 수가 없다고 보는데요.

따져보면 창조과학자가 과학자들의 목소리를
대변한다고 볼 수 없네. 그뿐 아니라
크리스천 과학자들의 입장을 대변한다고 볼 수도 없지.

한 교수 자네가 갈릴레오 재판의 역사적 배경을 이해한다고 하니 다행이네. 물론 당시 사회 권력이었던 종교계가 전혀 잘못하지 않았다는 것은 아니네. 하지만 나는 갈릴레오의 지동설이 재판에서 패한 주요한 원인은 오히려 과학적 이유라고 꼬집어 말하겠네.

박 기자 아니, 그게 무슨 말씀이십니까? 재판은 이단재판소에서 하지 않았습니까?

한 교수 그건 그렇지. 그때는 과학이라는 학문이 아직 정립되기 전이었고 헌법재판소 같은 곳이 있지도 않았으니까. 하지만 갈릴레오의 태양 중심설을 금지한 가톨릭 이단재판소의 판결이 합리적인 과학을 종교가 억압한 대표적 사건이라는 평가는, 과학을 무신론의 도구로 삼아 종교를 비판하는 무신론자들에 의해 악용되어 온 일종의 편견이네. 그 이유를 몇 가지 꼽아 보도록 하지.

코페르니쿠스가 발표했던 태양 중심설(태양이 우주의 중심에 있고 지구를 비롯한 금성, 화성, 목성 같은 행성들이 태양의 주위를 회전한다는 이론) 말일세. 지구가 움직인다고 해서 지동설이라고도 하지. 아무튼 이 태양 중심설은 당시로서는 혁명적인 아이디어이긴 했지만 실제로 지식 사회에 끼친 영향은 보잘것없었지. 몇천 년 동안 전통으로 내려온 지구 중심설(지구가 우주의 중심이고 태양과 다른 행성들이 지구 주위를 공전한다는 이론)이 당시 지식 사회에서 널리 받아들여져 왔던 것에 비해, 순수한 이론에 불과했던 태양 중심설은 그다지 설득력이 없었어. 그 이유는, 태양이 지구 주위를 돈다는 지구 중심설이 사람들의 일상 경험에 비추어 훨씬 더 설득력이 있다는 사실을 제쳐 두고라도, 이론 자체를 비교했을 때 태양 중심설이 지구 중심설에 비해 더 나은 이론이 아니었기 때문이야. 사실 과학 이론이라는 것은 최소한의 원리나 가설을 이용해서 많은 현상을 정확하게 설명해 낼 수 있어야 하는 것이지. 예를 들어서 사과가 나무에서 떨어지는 것이나 달이 지구 주위를 도는 것이나 모두 중력이라는 하나의 원리로 설명해 낼 수 있었던 것이 뉴턴의 중력 이론의 위대함이었지. 그런데 코페르니쿠스의 이론을 살펴보면, 태양을 중심으로 공전하는 행성들의 운동이 매우 복잡했어. 기존의 지구 중심설만큼이나 복잡했지. 다시 말해 코페르니쿠스의 태양 중심설이 이론적으로 더 명료하거나 우월한 이론이 아니었다는 말일세. 사실 코페르니쿠스의 이론이 복잡했던 이유는 행성들이 원궤도를 돌고 있다고 가정했기 때문인데 그 가정이 잘못되었다는 것은 나중에 케플러에 의해 밝혀지지. 행성들이 태양 주위를 공전하는 궤도는 사실 원이 아니라 타원이거든.

  물론 코페르니쿠스가 죽은 뒤 그의 이론에 매료된 갈릴레오는 태양 중심설의 우월함을 과학적으로 증명하기 위해 맹렬한 노력을 펼쳤지. 특히 갈릴레오는 당시에 발명된 망원경을 사용해 태양 중심설의 우수성을 관측이라는 측면에서 입증하려고 했지. 자네도 아다시피 과학은 이론만으로 발전할 수 없어. 이론을 입증하는 실험 결과라든가, 천문학의 경우에는 관측 증거들이 있어야 이론이 정설로 받아들여지게 되는 것이거든.

갈릴레오가 발견한 관측 증거의 예를 하나 들어 볼까? 태양의 흑점이 바로 그것이야. 지구 중심설이라는 전통의 근간이 된 그리스 철학에 따르면, 하늘을 구성하는 물질들은 신성하며 별과 행성들은 완벽한 존재들이지. 하지만 그렇게 완벽해야 할 태양에서 불순해 보이는 검은 점들이 발견된 거야. 갈릴레오는 태양의 흑점에 대해 논하면서, 그것을 지구 중심설이 틀렸다는 것을 말해 주는 관측 증거로 제시했지. 하지만 갈릴레오가 제시한 증거들은 주변적인 것들이었을 뿐 지구 중심설보다 태양 중심설이 우월하다는 것을 입증하기에는 미흡했네. 태양에 흑점이 조금 있다고 해서 지구가 태양 주위를 돈다는 이론이, 태양이 지구 주위를 돈다는 이론보다 더 우월하다는 것을 입증할 수는 없었거든. 그렇기 때문에 갈릴레오의 노력에도 불구하고, 당시 과학계의 주류는 여전히 기존의 지구 중심설을 지지했던 것이지. 한마디로 태양 중심설이 과학적으로 충분히 뒷받침되지 않았기 때문이란 말일세.

박 기자 아니, 코페르니쿠스의 이론을 입증할 만한 과학적 증거가 부족했다는 것이 정말 사실입니까?

한 교수 적어도 갈릴레오의 시대까지는 그랬어. 만일 갈릴레오가 태양 중심설을 토대로 별의 시차를 측정했더라면 얘기는 극적으로 달라졌을 거야. 별의 시차라는 것은 지구가 태양 주위를 공전하며 위치가 바뀌면서 가까운 별들이 먼 별들에 비해 약간씩 움직인 듯이 보이는 현상인데, 지동설과 천동설의 차이를 분명히 드러내지. 물론 갈릴레오가 별의 시차를 측정했다는 시도는 기록상으로도 남아 있지 않다네. 하지만 갈릴레오나 코페르니쿠스가 실제로 별의 시차를 측정하려고 노력했더라도 당대의 측정 기술을 가지고는 가장 가까운 별의 시차도 잴 수 없었을 것이라고 과학사가들은 결론 내리고 있지.

어쨌거나 갈릴레오 재판이 진행되었을 당시, 태양 중심설의 과학적 우월성이 입증되지 않았다는 것은 분명하네. 달이 초승달이 되었다가 보름달이 되는 것처럼 금성의 경우에도 비슷한 위상의 변화를 관측한 것이 중요한 과학적 증거였지만, 망원경으로 관측한 결과에 많은 의문이 제기되었지. 갈릴레오의 생애 말기에 요하네스 케플러가 행성들의 운동을 관측한 방대한 자료를 가지고 행성들의 궤도를 정확하게 측정했네. 그리고 그 결과 코페르니쿠스의 태양 중심설에 상당한 수정이 필요하게 되었지. 결국 수정된 태양 중심설은 지구 중심설보다 훨씬 정확하게 행성들의 위치를 예측했고, 그 결과로 과학적 입지를 굳히게 된 것이지.

하지만 그것은 후대에 일어난 일이야. 그러니까 갈릴레오 재판은 과학적으로 우월함이 판명된 태양 중심설을 종교의 권위로 눌러 금지시킨 재판이라고 할 수 없다네. 다시 말하지만, 태양 중심설이 지구 중심설보다 과학적으로 더 나은 이론이라는 것이 당시에는 충분히 입증되지 않았고, 그래서 아직 과학계가 충분히 받아들이지 않은 상태였기 때문이라는 거지.

물론 갈릴레오 재판에 과학적인 내용만 포함된 것은 아니야. 거기

갈릴레오 재판은 과학적으로 우월함이 판명된 태양 중심설을
종교의 권위로 눌러 금지시킨 재판이라고 할 수 없다네.
다시 말하지만, 태양 중심설이 지구 중심설보다
과학적으로 더 나은 이론이라는 것이
당시에는 입증되지 않았고, 그래서 아직 과학계가
충분히 받아들이지 않은 상태였기 때문이라는 거지.

에는 '성경의 문자적 해석과 전통적인 아리스토텔레스의 우주관에 기초한 지구 중심설, 그리고 주변적이며 관측적인 사실을 기반으로 하나의 새로운 이론으로 제시된 태양 중심설 중 과연 무엇이 옳은가' 하는 핵심 질문이 있었지. 재밌는 것은 과학과 종교 양 진영이 확연하게 분리된 것이 아니라는 점이네. 과학계 내에서도 갈릴레오의 태양 중심설을 지지하는 측과 반대하는 측이 공존했고, 신학계 내에서도 문자적 성경 해석에 따라 지구 중심설을 지지하는 측과 반대하는 측이 공존했지. 그러니까 과학계는 태양 중심설을 지지하고 종교계는 지구 중심설을 지지하는 그런 양분화의 상황이 아니었단 말일세.

자, 아직도 갈릴레오 재판을 단순히 종교가 과학을 탄압한 사건이라고 주장하겠나? 더 중요한 것은 갈릴레오를 지지했던 사람들과 반대했던 사람들 중 다수가 크리스천이었고 성경의 권위를 높이 인정했던 사람이었다는 점이네. 다시 말해, 갈릴레오나 그를 지지했던 사람들도 하나같이 성경의 권위를 인정했다는 것을 볼 때, 이 재판을 단순히 과학과 종교의 싸움으로 볼 수 없다는 것이 명백하네. 결국 갈릴레오 재판은 합리적인 과학을 종교의 권위로 눌러 버린 역사적 사건이 아니라, 하늘에 대한 지식을 과학으로 얻을 것인지 신학에서 얻을 것인지가 아직 결정되지 않은 그 시대, 그러니까 근대 과학 성립 이전의 시대에 정치적이고 개인적인 다양한 상황 속에서 일어난 사건이란 것이지. 아직도 의심이 든다면 과학사를 한 번 공부해 보게나. 이 재판에 관련된 오해가 풀릴 거야. 하지만 불행하게도 과학과 종교를 보는 관점에는 단순화된 흑백논리가 많네. 마치 갈릴레오 재판을 오해했듯 말일세. 내 생각에는 진화론과 창조론의 논쟁에도 그런 면이 있지.

핵심 주장

〈과학과 신앙에 관련된 두 가지 오해와 진실〉

1. 과학과 신앙, 둘 중 하나만을 택해야 한다?

   과학은 자연현상을 설명하는 논리적·경험적 틀인 반면 신앙은 신과 같은 초자연적 현상과 관련 있다. 즉 과학과 신앙은 서로 반대되는 개념이 아니며 각기 다른 영역을 다룬다. 그러므로 양립할 수 있다.

2. 대부분의 과학자는 무신론자이다?

   과학자 중에는 무신론자와 유신론자 모두가 존재한다. 특히 신의 존재를 믿는 많은 크리스천이 있다. 그러므로 과학을 하는 행위만을 가지고 무신론자라 말할 수 없다.

〈진화, 진화 이론, 진화주의의 차이〉

1. 진화-자연현상

   시간에 따른 변화(우주 진화, 생물 진화)

2. 진화 이론-과학

   우주나 생물의 진화가 어떻게 일어났는지 인과관계를 밝히는 과학 이론

3. 진화주의-세계관

   진화 이론을 무신론적으로 해석한 신념

〈세계관과 과학 이론의 차이〉

1. 세계관이란?

   세계를 이해하는 기본적 시각으로서 신의 존재, 죽음 이후의 세계 등에 관한 몇 가지 전제로 이루어짐.

2. 과학 이론이란?

어떤 세계관을 갖고 있는지와 상관없이 단지 자연현상의 인과관계를 밝히는 학문.

보충 설명

예를 들어 생물의 변화 과정을 연구하는 진화 이론은 과학이다. 반면 신의 존재를 부정하고 인류는 목적 없이 스스로 생겨났다는 무신론은 하나의 세계관이다. 그리고 진화 이론(과학)을 무신론(세계관)으로 해석한 입장을 진화주의라 한다.

진화 이론은 신이 세상을 창조했다고 보는 유신론적 세계관과도 양립할 수 있다. 이렇게 진화 이론을 유신론(세계관)으로 해석한 입장을 진화적 유신론 혹은 유신론적 진화론이라 부른다.

창조론의 경우에는 말뜻 자체로는 유신론적 세계관이지만, 실제 영어권에서는 진화 이론을 과학 이론으로서 거부하는 반진화 입장과 유신론적 세계관이 결합된 형태를 창조론이라고 부른다.

우리가 이해해야 할 중요한 점은, 생명체의 변화 과정을 다루는 진화 이론이라는 과학과 신의 존재 유무를 가정하는 세계관은 다른 차원의 논의라는 점이다.

생각할 문제

1. 창조-진화 문제에 있어 창조과학 외 다른 기독교적 견해를 들어 본 일이 있는가? 들어 본 적이 없다면 창조과학의 견해 외에 다른 기독교적 견해가 가능한지 토론해 보라.

2. 창조, 창조론, 창조과학의 차이점이 무엇인지 토론해 보라. 또 진화주의와 진화 이론의 차이점이 무엇인지 논의해 보라.

3. 기독교 세계관의 핵심 내용은 무엇인가? 기독교 세계관이 '생물이 공통 조상에서 진화했다'는 과학의 주장과 양립될 수 있는지 혹은 없는지 토론해 보라.

더 읽을거리

1. 크리스천으로서 기독교 세계관에 대해 관심을 갖고 공부하는 것은 매우 중요하다. 세상에 휩쓸려 가지 않고 하나님 나라의 백성으로 살아가기 위해서는 세상을 보는 바른 눈이 필요하기 때문이다. 이와 관련 해 읽을 만한 주요 책을 소개한다.
   - 신국원, 「니고데모의 안경」(한국 IVP).
   - 제임스 사이어, 「기독교 세계관과 현대 사상」(한국 IVP).
   - 알버트 월터스, 「창조 타락 구속」(한국 IVP).

2. 기독교 신앙의 틀 안에서 활발히 과학 활동을 해 온 크리스천 과학자의 예는 무궁무진하다. 특히 과학과 기독교가 충돌할 만한 상황에서 크리스천 과학자가 취한 태도들을 과학사를 통해 공부함으로써 매우 귀한 통찰력을 얻을 수 있다. 독자들에게 추천할 만한 책은 다음과 같다.
   - 데이비드 린버그 외, 「신과 자연 기독교와 과학 그 만남의 역사(상·하)」(이화여자대학교 출판부).
   - 로널드 넘버스, 「과학과 종교는 적인가 동지인가」(뜨인돌).

3.
중립적인 과학에 대해
꼭 짚고 넘어갈 점

박 기자 좋습니다. 갈릴레오 재판이 종교가 과학을 억압한 예로 적절하지 않다는 것은 인정하겠습니다. 하지만 교수님은 과학과 종교가 서로 적대적이라는 제 주장을 아직 반박하지 않으셨습니다. 그럼 이제 과학이 유신론과 대립된다는 제 생각이 틀린 이유를 설명해 보시지요.

한 교수 좋아, 갈릴레오 재판은 그저 여러 예들 중 하나일 뿐이지. 그럼 이제 본격적으로 왜 과학과 종교가 적대적이 아닌가를 하나하나 짚어 보겠네. 물론 여기서 과학은 자연현상을 다루는 자연과학을 의미하네. 과학이라는 말은 사회과학과 인문과학을 포함해 매우 넓게 사용되지만 이 경우에는 과학이 자연현상을 다루는 자연과학을 지칭하는 것으로 생각하면 좋겠네.

　내가 보기에 과학은 중립적인 면을 갖고 있어. 모든 면에서 그렇다는 얘기가 아니라 종교와 관련된 면에서 그렇다는 것이지. 과학 자체는 무신론을 지지하지도 유신론을 지지하지도 않는다는 말일세. 종교를 반대하지도 지지하지도 않는다고 말할 수도 있고. 이것이 과학의 특징 중에서 가장 중요한 점이라 할 수 있어.

과학은 자연현상을 다룬다

한 교수 자네도 아다시피 일반적으로 과학은 설명이 가능한 현상들을 다루지. 우리의 오감을 통해 직간접적으로 경험할 수 있고 어떤 규칙성을 통해 예측 가능한 그런 현상들 말일세. 예를 들어 비를 동반한 구름에 관한 정보를 수집해서 내일 우리 동네에 비가 내릴 것인지를 예측한다든가, 꽃가루를 퍼트리려는 꽃과 꿀을 얻으려는 벌의 관계를 연구한다든가, 물체 사이에 미치는 중력을 연구해 날아가는 물체의 이동 경로를 예측한다든가 하는 것들 말일세. 그럼 과학이 다루지 않는 것으로는 무엇이 있겠나? 그것은 경험되지 않는 대상이나 데이터를 얻을 수 없는 현상들이라네. 흔히 초자연적인 현상이라든가 관념적인 대상 같은 것을 꼽을 수 있지. 예를 들어 영적인 세계나 기적 같은 현상을 과학이 다룰 수 있겠나?

박 기자 하지만 과학자는 영적 세계나 초자연적 현상을 믿지 않잖아요.

한 교수 흠, 자네 말은 반쯤 맞네. 초자연적 세계 자체를 인정하지 않는 과학자도 많아. 하지만 죽음 이후의 세계 같은 초자연적 실재를 인정하는 과학자도 많지. 그리고 그 중간 입장이라고 할 수 있는 불가지론의 입장도 있어. 한마디로 잘 모르겠다는 입장인 불가지론을 따르는 과학자도 꽤 많을 거야. 이 세 가지 입장 중에 어느 입장이 주된 견해라고 말할 수는 없네만 '아마도 불가지론 입장이 다수가 아닐까' 라고 난 추측하네.

그 이유는, 과학자는 과학을 상당히 신뢰하는데 과학이 말해 줄 수 있는 한계가 바로 자연현상이기 때문이지. 과학이 다룰 수 없는 초자연적 현상에 대해서는 확실히 알 수 없다고 하는 불가지론이 당연히 논리적으로 우세하지 않겠나. 여기서 짚고 넘어갈 점은 초자연적 세계가 없다는 주장이나 있다는 주장 모두 과학과는 상관없는 일종의 믿음이라는 점이야. 과학 자체는 자연현상에 대해서만 얘기해 줄 뿐 그 너머에 있는 것에 대해서는 아무런 가르침도 주지 않으니까. 그렇기 때문에 과학이 초자연적인 현상을 부정한다는 식의 주장은 옳지 않네. 그런 주장은 최소한 과학적 주장은 아니라는 얘기지.

과학자가 신을 믿는 경우도 많아. 내 경험에 의하면 상당히 많은 과학자가 꼭 기독교의 신은 아니더라도 모종의 신을 믿거나 아니면 불가지론적 입장을 고수하는 사람들이라네. 어느 과학자가 신을 믿는다고 한다면 그건 그의 믿음으로 봐 줄 수 있지. 신의 계시가 담겼다고 하는 어떤 경전을 읽고 믿는다면 그건 믿음의 문제니까 누가 뭐라고 할 수 없지 않나. 또한 어느 과학자가 자신이 불가지론자라고 한다면, 과학이 말해 주지 않는 초자연적 현상에 대해 모른다고 하는 정직함을 가진 것으로 봐 줄 수 있지. 반면에 어느 과학자가 스스로 무신론자라고 한다면, 그것은 조금은 우스워 보일 수도 있다네. 어차피 무신론을 과학이 뒷받침해 주는 것도 아니고 초자연적 현상이나 신이 존재하는가의 문제는 믿음의 문제라고 봐야 하는데, 그럼에도 신이 존재하지 않는다는 믿음을 갖는 것은 어찌 보면 우스꽝스럽지. 무신론에

여기서 짚고 넘어갈 점은 초자연적 세계가
없다는 주장이나 있다는 주장 모두,
과학과는 상관없는 일종의 믿음이라는 점이야.

의하면 어차피 신이 없어야 하니까, 무신론의 신앙을 계시해 줄 신도 없으니까 하는 말일세.

박 기자 그러니까 무신론도 유신론처럼 하나의 믿음이라는 말씀이시군요. 하지만 그건 조금 지나친 비약 아닌가요? 믿음이라는 것은 신을 믿기로 작정한 사람들에게 해당되는 얘기인데, '가만히 있는 사람들도 신이 없다는 믿음을 갖는 것이다'라고 주장하는 것은 말장난처럼 들립니다. 어느 산신령을 믿는 시골 사람이 있다고 해서 산신령의 존재조차 모르는 서울 사람이 '그 산신령은 존재하지 않는다'는 믿음을 가진 것이라고 주장하는 건 좀 무리 아닙니까? 그래서 '날아다니는 스파게티 괴물'이 천지를 창조했다고 믿는 종교 운동도 생겨난 것이겠죠.

한 교수 나도 그 스파게티 괴물을 믿는 사람들의 얘기는 잘 알고 있지. 스파게티 괴물이 천지를 창조했다는 교리를 주장하면서 그 교리를 믿지 않는 사람들에게 오히려 스파게티 괴물이 존재하지 않음을 입증하라고 공격하는 사람들 말일세. 신의 존재를 증명하라는 무신론자의 공격에 대해 거꾸로 신이 존재하지 않음을 증명하라고 유신론자가 반박하는 배경에서 이 운동이 생긴 것이지. 신 존재 증명의 책임을 오히려 무신론자에게 떠넘기는 것에 대한 불만이 표출된 것이라고나 할까. 그래서 날아다니는 스파게티 괴물 같은 것을 임의로 만들어 놓고 그 괴물이 존재하지 않음을 증명해 보라고 공격하는 것이지. 산신령이나 스파게티 괴물이나 다 비슷한 얘기라고 할 수 있을 걸세.

박 기자 날아다니는 스파게티 괴물을 믿는 종교가 기독교를 조롱하는 면을 갖고 있기는 하지만, 어쨌거나 존재 증명에 관해서는 기독교의 신도 스파게티 괴물과 같은 입장에 처한 것이 분명합니다. 신이 존재한다면 그렇게 주장하는 사람들이 신이 존재함을 입증해야 하는 것이 당연한 것이죠.

한 교수 그럴까? 산신령이든 스파게티 괴물이든 어떤 사람이 그런 요상한 존재를 믿는다고 할 때, 그 존재를 믿지 않는 사람과 동등한 수준의 믿음을 가졌다고 말하기는 어렵겠지. 하지만 우주의 창조주이고 전능한 신이라는 존재는 산신령이나 스파게티 괴물과는 소위 급이 다르지 않나? 철학과 도덕, 그리고 역사를 비롯한 다양한 관점에서 어떤 힌트도 얻을 수 없는 날아다니는 스파게티 괴물을 신이라는 존재와 비교할 수 있겠나? 아무런 개연성이 없는 스파게티 괴물을 만들어 내고는 그 괴물이 존재하지 않는다는 입증의 책임을 외부 사람에게 넘기는 것을 결코 신 존재 증명의 경우와 같은 맥락에서 생각할 수는 없지.

박 기자 하지만 존재하는가 존재하지 않는가를 따져 보면 스파게티 괴물이나 신이나 다를 바가 없지 않습니까?

한 교수 날아다니는 스파게티 괴물이 존재하는가 혹은 존재하지 않는가는 그저 엉뚱한 탁상논리로 그칠 뿐이야. 하지만 신이 존재한다 혹은 존재하지 않는다는 두 가지 주장은 단순히 신의 존재 여부에만 관련된 것이 아닐세. 두 주장에는 다양한 철학적 논의와 인간의 삶에 관한 중요한 전제들이 내포되어 있지. 산신령이나 스파게티 괴물을 믿지 않는 것이 자네의 인생이나 세계관을 크게 바꿀 수 있겠나? 하지만 '신의 존재를 믿느냐, 믿지 않느냐' 하는 것은 우리 삶과 세계관 자체를 뒤바꾸어 놓는 커다란 차이를 만들지. 그런 면에서 신의 존재가 있다고 믿는 것과 없다고 믿는 것은 같은 수준의 믿음이라고 할 수 있지.

박 기자 하지만 신의 존재나 초자연적 현상에 대해서 과학적으로 입증된 것도 전혀 없지 않습니까? 그럼에도 신을 믿거나 초자연 세계를 믿는 것이 합리적이란 말씀인가요? 오히려 과학이 다루는 자연 세계, 즉 신이 필요 없는 자연 세계만을 받아들이는 것이 과학적인 태도 아닌가요?

한 교수 글쎄, 그런 태도는 어찌 보면 과학에 너무 의존하는 것처럼 들리는군. 과학이 다루지 못하는 세계를 무조건 없다고 할 수는 없지 않나. 자네, 부모님을 사랑하나?

박 기자 물론입니다.

한 교수 그럼 자네가 부모님을 사랑한다는 것을 과학적으로 증명해 보게.

박 기자 제가 부모님을 사랑한다는 증거들을 대면 과학적 증거가 아니라고 하시거나 과학적 증명으로 부족하다는 얘기를 하시려고 그러시는 거군요. 영화 "콘택트"(Contact)에 나오는 대사를 그대로 인용하시면서요. 허허허.

한 교수 자네도 그 영화를 보았군. 미국의 저명한 천문학자 칼 세이건이 쓴 마지막 소설을 원작으로 한 영화지. 나는 수업시간에 이 영화를 소재로 과학적 지식과 과학 영역 밖의 지식이 공존한다는 것을 가르치곤 한다네. 그래, 과학이 다루지 못하는 지식과 경험의 영역이 있다는 것은 분명한 사실이네. 과학이 다룰 수 없다고 해서 그런 영역을 부정하는 것은 과학에 눈먼 어리석은 태도가 아니겠나. 과학적인 증거가 없다고 해서 신에 대한 존재나 초자연 세계를 부정할 수는 없어. 물론 신이나 초자연 세계가 없다고 믿는 믿음 자체를 뭐라고 할 수는 없겠지만 그런 믿음이 과학에 의해 뒷받침되는 건 아니지. 그래서 내가 과학은 유신론이나 무신론을 지지하지 않는 중립적 입장이라고 말한 걸세.

박 기자 그러니까 결국 신의 존재를 과학적으로 증명해 보라는 주장에 대해 오히려 신이 존재하지 않는다는 사실을 과학적으로 증명해 보라는 반박과 같은 맥락이군요. 신의 존재를 증명해야 하는 부담을 오히려 무신론자에게 떠넘기는 것 같아 탐탁지는 않지만 교수님의 논리를 반박하기는 쉽지 않군요.

한 교수 그런가? 글쎄, 내 입장은 과학으로는 신의 존재를 증명하거나 반증할 수 없다는 것일 뿐이라네.

박 기자 좋습니다. 그럼 일단 신의 존재에 대해 과학이 가부를 말하지 않는다고 받아들이죠. 그러나 질문은 여전히 남습니다.

자연현상에는 신이 필요 없다?

박 기자 자연현상을 과학으로 설명하고 나면 더 이상 신의 자리는 없어지는 것 아닙니까? 과학적으로 완벽하게 설명되면 신이 필요 없는 것이죠. 어떤 현상이 일어나는 인과과정이 과학적으로 다 밝혀졌는데 신이 할 역할이 뭐가 남아 있습니까? 그러면 과학이 다루는 이 모든 자연현상에서 신은 밀려나게 되는 것 아닙니까?

한 교수 흠, 꼭 그렇지는 않네. 자네의 주장이 맞다면 자연 세계는 신과 상관없이 스스로 활동하고 신은 그저 초자연 영역에서만 활동하도록 제한되지. 그리고 한 술 더 떠서 초자연 세계는 과학적으로 입증되지 않는 세계이니 무신론 과학자는 아주 쉽게 신의 존재를 배제해 버릴 수 있겠지.

하지만 자네의 주장은 틀렸네. 두 가지로 얘기하도록 하지. 첫째 자연현상 자체도 신의 영역이라는 점. 둘째 자연현상이 유지되기 위해서는 신의 역할이 필요하다는 점일세.

한 번 생각해 보게나. 신의 활동을 상상할 때 우리는 주로 마술사 이미지를 많이 떠올린다네. 물론 신은 마술사처럼 뭔가를 즉각적으로 만들어 낼 능력을 가지고 있지. 하지만 신이 자연현상을 사용하면 안 되는 이유도 없지 않은가. 가뭄에 목말라 죽어 가는 사람 앞에 기적처럼 냉수 한 그릇을 선물해 주실 수도 있지만, 먹구름이 몰려와 비를 내리게 하는 자연현상을 통해서도 얼마든지 물을 공급해 줄 수 있지 않은가. 자연현상이 일어나는 원리가 과학적으로 규명되었다고 해서 그 자연현상에는 신이 관련되지 않는다고 어떻게 장담할 수 있지? 오히려 신을 믿는 사람 입장에서 본다면 자연현상을 과학적으로 규명한 것은 신이 자연을 움직이는 원리를 발견해 낸 것일 뿐이지.

박 기자 하지만 인과관계가 완벽하게 규명된 현상인데 어떻게 그런 현상에 신이 관여한단 말이죠?

한 교수 신을 믿는다는 뜻에는 신의 포괄적인 능력을 믿는다는 말도 포함되지. 신은 마술사처럼 기적을 베풀 능력과 더불어 과학적으로 규명될 수 있는 자연현상도 얼마든지 사용할 수 있는 능력을 갖고 있다고 믿는 것이지. 인과관계가 완전히 규명된 현상을 어떻게 신이 사용할 수 있는지에 대해서 과학적 답변을 주기는 어렵네. 우리가 이해할 수 없는 어떤 차원에서 신의 섭리가 있는 것이겠지. 과학이 명백히 밝힐 수 없는 양자적 수준에서 신이 관여한다는 주장도 있네. 더군다나 자연현상의 기초가 되는 물리법칙 자체가 신의 작품이라면 자연현상을 신이 사용할 수 있다는 것은 당연한 얘기가 되지 않겠나.

적절한 예가 아닐 수도 있지만 아기가 탄생하는 것을 생각해 보세. 정자와 난자가 만나 수정이 되고 분열을 통해 엄마 뱃속에서 아기가 자라는 현상을 가만히 들여다보자고. 이 과정은 완벽하지는 않아도 어느 정도 인과관계를 이해하고 있는 자연현상이라고 할 수 있지. 하지만 생명을 허락하고 탄생하게 하는 것은 신이라는 믿음을 많은 사람이 갖고 있네. 아기가 자라는 과정을 과학적으로 더 잘 이해할 수 있게 된 것은, 신이 새로운 생명을 탄생시키는 그 과정을 우리가 더 깊이 이해하게 된 거라고 볼 수 있지. 신이 생명을 탄생시킨다는 믿음은 의학적 지식이 증가한다고 해서 약해지는 것은 아니란 말일세.

사실 마술사 같은 신의 이미지 때문에 상당히 많은 신앙의 걸림돌이 있다네. 과학과 신앙의 문제뿐 아니라 신앙생활 전반적인 면에서도 우리가 마술사 같은 하나님을 기대하기 때문에 그분의 기대와 어긋나는 경우가 많아. 그런 얘기는 논의를 벗어나니 잠시 접어 두기로 하지. 어쨌거나 우리가 과학으로 이해할 수 없는, 초자연적 기적을 행할 수 있는 신을 믿는다면 자연현상을 통해서 일하는 신을 믿는 게 무슨 문제가 되겠나.

박 기자 저는 여전히 이해가 되지 않습니다. 자연현상을 신이 사용한다면 자연적인 인과관계는 뒤틀려지게 되는 것이기에 결국 자연현상도 초자연현상이 돼 버리는 것 아닙니까?

한 교수 글쎄, 자연현상이 일어나는 인과관계의 법칙 자체, 그러니까 자연법칙을 신이 만든 것이라면 그 신이 자연법칙을 깨고 일할 수 있는 능력과 자연법칙을 깨지 않고 일할 수 있는 능력, 두 가지를 모두 가진다고 볼 수 있지 않은가. 크리스천은 배가 아플 때 하나님이 고쳐 주기를 바라며 기도하지만 동시에 배를 낫게 하는 약을 먹기도 하지. 그것은 배를 아프게 하는 원인을 치료하는 약을 통해서도 하나님이 일하신다고 믿기 때문이지. 성경에도 하나님이 꿈속에 나타난다든지 기적을 통해 직접적으로 사건에 개입하시는 경우도 있지만, 많은 경우에는 자연현상(인간들의 자유의지를 포함해서)을 통해 일하신다네.

두 번째로 자연현상이 일어나는 밑바닥에 신의 역할이 있다는 점을 생각해 보세. 우리가 믿는 신은 단지 시계를 만들어 놓고 스스로 움직이도록 한 시계공과는 다르네. 그러니까 우주를 만들어 놓고 자연법칙에 따라 움직이도록 한 뒤 팔짱을 끼고 지켜보는 신이 아니란 말일세. 그런 개념은 소위 '이신론'이라고 하는 개념이야. 근대과학이 발전하면서 사람들은 우주를 하나의 기계처럼 인과관계에 의해 움직이는 체계로 생각하기 시작했지. 그런 배경에서 나온 것이 이신론일세. 이신론의 관점은 신과 우주의 관계를 마치 시계공과 시계의 관계처럼 보는 것일세. 창조 이후 우주는 시계처럼 스스로 움직이고 신은 자연 세계 내에 존재하거나 개입하지 않는 것으로 보는 것이지. 그러나 기독교의 하나님은 이신론의 신과는 다르네. 물론 자연현상은 물리법칙이라는 틀에 맞추어 일어나지만, 신은 우주를 지속적으로 유지하고 있다고 믿는 것이지.

박 기자 시계공처럼 시계가 스스로 움직이도록 내버려 두는 것이 아니라, 신이 계속 무엇인가를 하고 있다고 말씀하시는 것 같군요. 그런데도 자연현상은 물리법칙을 따른다니 무슨 말씀인지 이해가 잘 안 됩니다.

한 교수 신이 자연 세계를 어떻게 운행하고 섭리하는가는 쉽게 이해할 수 있는 문제는 아닐세. 내 얘기를 좀더 들어보게. 예를 들어, 사과가 나무에서 떨어지는 현상은 중력법칙이라는 과학으로 얼마든지 설

우리가 믿는 신은 단지 시계를 만들어 놓고 스스로 움직이도록 한
시계공과는 다르네. 그러니까 우주를 만들어 놓고
자연법칙에 따라 움직이도록 한 뒤
팔짱을 끼고 지켜보는 신이 아니란 말일세.

명이 가능하네. 하지만 사과가 나무에서 떨어지는 일 자체는 신이 우주를 지속적으로 유지하고 있기 때문에 가능한 것이지. 그러니까 신이 존재하지 않는다면 물리법칙 자체가 성립하지 않고 우주에서 일어나는 현상이 지금과 같은 방식으로 일어나지 않을 거라는 뜻이네. 물론 신이 모종의 힘을 사과에 가해서 땅으로 떨어뜨린다는 얘기는 아니네. 신이 물리법칙을 통해 우주를 유지하는 방식은 우리가 이해할 수 없는 어떤 차원에서 이루어지는 것이지. 그러니까 과학적으로 보면 모든 자연현상은 물리법칙에 따라 일어나지만 다른 한편으로 보면 모든 자연현상은 신이 움직이고 있는 것이지. 신은 아무 일도 안 하면서 모든 일을 하고 있다고나 할까? 이것이 기독교가 믿는 신, 즉 하나님과 자연현상과의 관계라네.

자, '자연현상에는 신이 필요 없지 않느냐'는 자네의 질문으로 돌아가 보세. 결론적으로 말해서, 자연현상 자체는 신이 부여한 물리법칙과 우주를 지속적으로 유지하는 신의 섭리를 통해 일어나는 일이네. 그러니까 자연현상 자체가 신에 의해 만들어지고 유지된다는 것이고, 우리는 과학을 통해서 그 인과관계를 이해한다는 것이지. 그러니까 자연현상에 신이 필요 없다는 주장은 옳지 않네.

빈틈을 메우는 하나님이란?

박 기자 저는 초자연현상을 더 이상 믿지 않기 때문에 신의 존재도 믿을 수 없습니다. 그런데 교수님은 자연현상에도 신의 섭리가 있다고 말씀하시는군요.

한 교수 그렇지. 자네가 제기한 문제는 사실 근대과학이 성립하면서 발생한 중요한 이슈 하나를 그대로 표출하고 있어. 소위 '틈새의 하나님'(God of the gaps)이란 개념이야.

근대과학이 성립되기 이전의 시대에는 사실 미신적인 신앙이 많았지. 자연현상이 일어나는 원인을 모르니까 그것을 신이나 악령의 행위로 여겼던 거지. 전염병이 돌거나 어떤 사람이 벼락에 맞아 죽었다면 하늘님의 저주가 내렸다고 생각했던 거고, 폭풍 때문에 배가 파선되면 용왕님의 노여움을 샀다고 여긴 것이지. 그러나 과학이 발전하면서 이런 현상이 일어나는 인과관계가 밝혀졌네.

전염병은 특정한 병균이 전염되면서 발생하고 벼락은 전기적인 현상이며 폭풍은 기상 현상에 불과하다는 게 알려진 것이지. 이렇게 근대과학은 예측할 수 없이 불안하고 미신적인 세계에서 합리적이고 근대적인 세계를 탄생시켰어. 자연현상은 어느 정도 예측가능하게 되었고 사람들은 자연현상을 두려워하지 않게 되었지. 흔히 자연현상의 탈신화가 이루어졌다고 말하지. 그러나 앞서도 얘기했지만 자연현상 자체는 여전히 신의 작품이고 섭리인 것일세. 예측불가능하고 두려웠고 미신적이었던 자연현상이 아니라, 신의 지혜를 따라 창조되어 인과관계가 설명되는 질서 있고 조화로운 자연현상으로 자연에 대한 이해가 바뀌게 된 것이지.

그러나 이 과정에서 신의 영역이 점점 좁아지는 것처럼 보이는 현상이 발생했지. 자연현상이 인과관계로 설명되면 신이 필요 없는 것처럼 보이거든. 그러니까 과학이 발전하면서 서서히 신은 설명되지 않는 기적의 영역으로만 밀려난 셈이라고나 할까. 그러나 다시 말하지만, 기적뿐 아니라 과학으로 설명되는 모든 자연현상을 신이 섭리하는 것이기 때문에, 과학이 발전한다고 해서 신의 영역이 작아지는 것은 결코 아닐세.

신을 기적의 영역에 제한하는 현상은 또한 앞에서 말한 '틈새의 하나님'이라는 개념을 낳았네. 과학이 설명하지 못하는 현상을 신의 기적 같은 행위로 설명하는 경우를 일컫는 말이지. 그런데 과학이 설명하지 못했던 어떤 현상을 기적과 같이 신이 초자연적으로 일으킨 것으로 설명했다가 나중에 그 현상의 인과관계가 과학적으로 밝혀지면, 그 현상은 신이 일으킨 것이 아니라 그저 인과관계에 의해서 일어난 현상처럼 되어 버리네. 신의 역할이 없어지게 되는 것이지.

하지만 틈새의 신 같은 태도는 오늘날 많은 비판을 받고 있지. 과학적 설명이 불가능하다고 해서 신의 행위라고 주장했다가 나중에 과학이 발전해서 과학적 설명이 가능하게 되면 신의 역할이 박탈당하는 것처럼 보이기 때문에, 많은 크리스천 과학자는 빈틈의 신 같은 태도를 매우 우려하고 있다네. 한마디로 과학이 밝혀내지 못한 빈틈을 함부로 신의 기적으로 메우지 말라는 충고라 볼 수 있지. 이런 충고 자체는 매우 신중히 귀담아들을 필요가 있네. 과학으로 설명되지 않는 현상을 초자연현상으로 규정해 신의 기적으로 설명하는 일이 역사적으

과학이 설명하지 못하던 빈틈을 기적 등과 같은
초자연적인 신의 행위로 설명했다가
나중에 그 현상의 인과관계가 과학적으로 밝혀지면,
그 현상에 관해서는 신의 역할이 없어지게 되는 것이지.
이것이 바로 틈새의 하나님이라는 개념이네.

로 비일비재했고 사실 현재도 그런 일은 벌어지고 있지. '과학으로 설명되지 않는 이런저런 현상을 봐라. 이 현상 자체가 신을 입증하는 것 아니냐' 뭐 그런 태도들 말일세. 그러나 만일 나중에 과학이 발전해 그 현상의 인과관계를 밝혀내면 어떻게 되겠나? 어려운 문제가 발생하겠지. 신의 역할이라며 나팔을 불었다가 오히려 역효과를 내게 되는 셈이야.

내가 말하려고 하는 건, 비록 자연현상이 과학으로 설명되더라도 그 밑바탕에 깔린 신의 역할을 배제할 수는 없다는 점이네. 섬세한 아름다움을 자랑하는 '금강산의 일만이천 봉'은 어떻게 만들어졌겠나? 풍화작용이라는 과학적 설명이 가능하네. 하지만 신이 풍화작용을 사용해서 일만이천 봉을 창조했을 가능성을 배제할 근거는 없다는 것이지. 역사적으로 봤을 때 전근대에서 근대로 넘어오면서 미신적 믿음을 대신할 과학적 설명들이 가능해졌지만, 자연적 인과관계가 밝혀졌다고 해서 자연현상을 사용할 수 있는 신의 능력을 배제할 수는 없다는 거야. 자연현상도 신의 작품이란 말일세.

문제는 비신화화의 정도가 지나쳐서 무신론까지 가게 되는 것이지. 모든 것을 자연적인 인과관계로만 보는 무신론적 믿음이 한쪽 극단이라면, 모든 현상을 신적 존재가 직접 일으킨 것으로 보는 전근대적 사고가 또 다른 한쪽의 극단이라고 할 수 있지. 바람직한 것은 인과관계에 의해서 예측 가능한 자연 세계와 신이 직접적으로 개입할 수 있는 초자연현상, 두 가지 모두를 인정하는 태도라 할 수 있네.

핵심 주장

1. 과학의 대상은 자연현상이다. 즉, 과학은 경험적 연구가 불가능한 초자연적 현상은 다루지 못한다.

2. 과학이 자연현상의 인과관계를 설명할 수 있지만 그렇다고 해서 신의 존재를 배제할 수는 없다. 자연현상의 원리들을 신이 부여했고 신은 스스로 만든 자연법칙과 인과관계를 통해 일하실 수 있기 때문이다.

3. '틈새의 하나님'이란, 과학으로 설명하지 못하는 현상을 신의 기적으로 돌리는 태도를 말한다. 그러나 과학이 발전해 빈틈에 대한 설명이 가능해질 경우, 오히려 신의 입지를 축소할 수 있으므로 지양해야 한다.

생각할 문제

1. '과학은 중립적'이라는 한 교수의 주장에 대해 찬반으로 나누어 토의해 보라.

2. 과학이 다루지 못하는 영역, 예를 들어 '초자연적 세계'에 관한 지식은 어떻게 형성될 수 있다고 보는가? 이러한 과학 외적인 지식과 과학적인 지식 사이의 관계에 대해 논의해 보라.

3. 한 교수는 자연과학을 중심으로 이야기를 풀어 가고 있다. 과학 이외의 학문의 경우는 어떨까? 예를 들면 인문학이나 사회과학은 신앙에 대해 중립적인지 아닌지 토론해 보라.

4. '틈새의 하나님'에 관한 예를 찾아보고 그 위험성에 대해 토론해 보라.

더 읽을거리

1. 과학과 신앙이란 주제에 관해 추천할 만한 크리스천 과학자의 책은 다음과 같다.
   - 존 폴킹혼, 「쿼크, 카오스 그리고 기독교」(SFC 출판부).
   - 알리스터 맥그래스, 「정교하게 조율된 우주」(한국 IVP).
   - Owen Gingerich, *God's Universe*(Harvard Press, 2006).

2. 또한 불가지론자이면서 생물학자인 굴드의 책도 읽어 볼 만하다.
   - Stephen Jay Gould, *Rocks of Ages*(Ballantine Books, 1999).

3. 이신론은 18세기 근대과학의 성립과 더불어 우주를 하나의 기계처럼 인과관계에 의해 움직이는 체계로 여겼던 자연관을 배경으로 신과 자연 세계의 관계를 새롭게 설정한 입장이다. 시계공과 시계의 관계처럼 신이 우주를 창조한 뒤에는 자연 세계 내에 존재하거나 개입하지 않는다고 보기 때문에 유신론과 대비되기도 한다. 이신론을 비롯한 다양한 기독교적 견해에 대한 역사적 개관으로는 알리스터 맥그래스의 「과학과 종교, 과연 무엇이 다른가?」(린 출판사) 1장을 참고하라.
   이신론의 성립에는 뉴턴의 기계론적 우주가 주요 배경이었다고 평가되나, 기계론적 우주 자체가 신의 존재를 배제하는 것은 아니었다. 오히려 기계처럼 돌아가는 조화로운 우주에서 신 존재의 흔적을 발견할 가능성을 갖고 있었다. 뉴턴도 이신론자가 아니라 신의 개입과 기적을 믿는 입장을 가졌다. 신과 자연 세계의 관한 이해가 어떻게 변해 왔는지에 관해서는 존 쿠퍼의 「철학자들의 신과 성서의 하나님」(새물결플러스)을 참조하라.

한층 더 깊은 논의를 위하여

⟨신 존재 증명의 책임 전가에 관하여⟩
한 교수는 신이 존재한다는 과학적 증거를 제시하라는 박 기자에게 오히려 신이 존재하지 않는다는 증거를 제시해 보라고 되묻는다. 한 교수의 접근 방식에 대해 여러분은 어떻게 생각하는가? 박 기자는 산신령을 믿지 않는 사람들에게 산신령이 없음을 증명할 책임을 전가하는 것은 불합리하다고 항변한다. 날아다니는 스파게티 괴물을 예로 든 박 기자의 입장은 버트란트 러셀의 논리를 반영하는데, 리처드 도킨스도 「만들어진 신」에서 이 논리를 차용하고 있다. 러셀에 따르면, 과학적으로 검증될 수 없는 견해가 있을 때, 그 견해가 타당한지 입증할 책임은 그 견해를 지지하는 사람에게 있는 반면, 그 견해를 반대하는 사람에게는 책임이 없다고 한다. 즉, 신이 존재한다는 종교적 주장은 과학적으로 검증될 수 없기 때문에 신을 믿는 유신론자가 신의 존재를 입증해야 할 책임을 갖는 반면, 무신론자는 신이 존재하지 않음을 입증할 책임이 없다는 논리인 것이다.

그러나 신이 존재하지 않는다는 주장은 신이 존재한다는 주장과 마찬가지로 과학적으로 검증불가능한 하나의 견해로 볼 수 있다. 그렇다면 거꾸로 신의 존재를 부정하는 무신론자의 견해에 대해 러셀의 논리를 적용할 수 있다. 즉 무신론의 견해를 반대하는 사람에게 입증의 책임을 전가할 것이 아니라, 무신론자 스스로 그 견해를 입증해야 한다고 비판할 수 있다. 신이 존재한다는 주장이나 신이 존재하지 않는다는 주장은 둘 다 과학적으로 검증 불가능한 견해이며, 입증의 책임을 상대방에게 전가한다는 비판은 두 견해 모두에 해당된다는 말이다.

4.
과학을 숭배하는 무신론자들

박 기자 좋습니다. 하지만 제 생각에는 무신론 과학자의 주장이 그렇게 호락호락한 것 같진 않습니다. 교수님은 무신론 과학자의 핵심 주장은 무엇이고 잘못된 점은 뭐라고 생각하십니까?

한 교수 무신론을 믿는 과학자는 과학을 숭배하는 듯한 경향을 보이네. 물론 과학을 숭배하는 무신론자가 존재하는 건 최근의 일만은 아니지. 근대과학이 성립된 이후로 과학의 힘을 경험한 많은 지식인이 신에 대한 믿음을 저버리고 과학을 신봉하기로 결단한 일은 계속 있어 왔어. 자네도 그중 한 사람 아닌가. 특히 19세기 중반에 다윈의 진화론이 나온 이후 과학 때문에 신앙을 버리게 되는 일이 더 많아졌다고 볼 수도 있지. 그 이유는 단순한 자연현상들뿐 아니라 인간의 존엄성이 관련되고 자연현상 중에 가장 신비하다고 할 수 있을 인간의 기원에 관해서도 어느 정도 과학적인 설명이 가능해졌기 때문일세. 자네가 주장하듯, 어떤 자연현상을 과학적으로 설명할 수 있게 되면 신이 설 자리는 없어지는 것처럼 보이기 때문일 거야. 마술사가 마술을 부리듯 신도 그런 방식으로 인간을 창조했을 거라고 상상해 왔던 사람에게 종의 기원이나 인간의 기원을 다른 자연현상과 마찬가지로 과학적으로 설명할 수 있다는 주장은 충격 그 자체였겠지.

그러나 다시 말하지만 신이 자연선택이나 유전자변이 등과 같이 인과관계를 설명할 수 있는 진화의 방식을 사용해서 인간을 창조하지 않아야 할 이유는 없네. 물론 창조과학자는 신은 마술사처럼 인간을 특별하게 창조했다고 주장하는데 아무튼 그 얘기는 나중에 더 하기로 하세. 어쨌거나 문제는 창조에 관한 신의 역할을 사람들이 너무나 제한된 관점으로 이해하고 있었던 점이야. 그동안 사람들이 나름대로 그려 왔던 신의 창조 이야기와는 판이하게 다른 진화라는 방식을 하나님이 사용했을 거라고 인정하기 어려웠던 것이지.

이러한 명백한 오류는 진화론을 무신론의 도구로 사용하는 언변이 뛰어난 과학자에게서도 동일하게 발견된다네. 무신론 과학자도 과학을 통해 신을 내쫓아 버릴 수 있다는 잘못된 전제를 갖고 있어. 그건 그들도 역시 마술사적 이미지의 신관을 갖고 있기 때문이야.

설계 논증에 사용되는 반쪽짜리 설계 개념

한 교수 예를 들어 설명해 볼까. 창조-진화 논쟁이 뜨거운 감자에 해당되는 셈이니까, 진화 이론을 이용해서 무신론을 대변하는 몇몇 학자들의 예를 드는 게 적절하겠군. 자네도 잘 알겠지만 무신론적 진화론의 대변자로 쉽게 꼽히는 사람은 아까 말했듯 영국 옥스퍼드 대학의 리처드 도킨스 박사라 할 수 있어. 그의 유명한 대중 과학서들은 진화론을 설명하면서 무신론의 기치를 높이는 것으로 잘 알려져 있지. 그가 쓴 「눈먼 시계공」(The Blind Watchmaker, 사이언스북스)은 19세기 영국에서 유행하던 기독교의 설계 논증을 무너뜨리려는 의도가 담겼다고 할 수 있어. 자연 세계가 신에 의해 설계되지 않았음을 진화 이론이 잘 보여 주고 있다는 주장이 담겨 있네. 그러나 그가 무너뜨리려고 한 설계 논증 자체는 기독교 내에서도 문제가 있다고 보는 반쪽짜리 개념이지.

박 기자 교수님, 제가 아무리 과학 전문 기자라지만, 너무 앞서가십니다. 우선 설계 논증에 대해 설명을 좀 해 주시죠.

한 교수 미안하네. 내가 너무 앞서 갔구먼. 설계 논증이라는 것은 한마디로 자연 세계를 들여다보면 이 자연 세계를 설계한 설계자 혹은 창조자를 알 수 있다는 논증이네. 가령 해변에서 길을 걷다가 예쁘게 생긴 돌을 발견했다고 해 보세. 그렇다고 우리는 그 돌에 특별한 의미를 두지는 않지. 원래 거기 있는 것일 테니까 말일세. 하지만 만약에 시계를 발견했다면 어떻겠나? 시계의 복잡한 구조와 기능을 보면 누군가가 이 시계를 만들었을 거라고 생각할 수 있겠지. 이렇듯 시계를 보면 시계를 만든 시계공을 떠올리게 되는 것처럼, 자연 세계 자체가 창조주의 존재를 입증한다는 논리가 바로 설계 논증이지. 설계 논증은 인간의 역사만큼이나 오랫동안 신의 존재를 변증하는 도구로 사용되어 왔어. 설계 논증의 대표적 예로 「자연신학」(Natural Theology)이라는 책을 쓴 19세기의 신학자 윌리엄 페일리(William Paley)는 눈을 통해서 설계자의 존재를 추론했지. 시계 같이 복잡한 인간 눈의 정밀한 구조를 보면 누군가가 설계(창조)했음이 분명하다는 논리라네.

물론 무신론자인 도킨스도 눈을 비롯한 많은 생물의 기관들이 설계된 것처럼 보인다는 것은 인정했네. 그러나 그것은 겉보기에만 그럴 뿐 사실 신과 같은 존재에 의해 설계된 것은 아니라고 주장하지. 아무리 복잡하고 정밀해 보이는 눈 같은 기관도 진화라는 방식에 의해 자연적으로 만들어졌기 때문이라는 거야. 자연 선택을 통해서 유전자와 분자의 단위에서 이루어지는 진화는 어떤 외부의 통제도 받지 않고 계획 혹은 목적 없이 우연하게 일어나기 때문에, 결코 누군가에 의해 설계된 것으로 볼 수 없다는 것이 그의 핵심 주장이라고 할 수 있지.

물론 이런 도킨스의 주장 자체는 어느 정도 설득력이 있네. 그것은 페일리의 경우처럼 기존의 설계 논증에서 사용한 설계 개념이 너무나 순진했기 때문이라고도 할 수 있네. 시계공의 도움 없이 바늘과 톱니바퀴들이 자연적 과정에 의해 우연히 결합되어 시계가 만들어질 수 없다는 것이 페일리가 주장한 설계 논증의 핵심이라면, 도킨스의 주장은 눈이라는 기관은 시계공 같은 외부의 통제나 계획 없이 우연한 방식으로, 즉 진화를 통해 만들어질 수 있다는 것이 핵심이네. 만일 도킨스의 말이 맞는다면 눈이라든가 생물의 기관들은 설계 논증의 예가 될 수 없고, 페일리의 설계 논증에서 시계공의 역할을 할 지적 존재가 전혀 필요 없다는 주장이 가능하게 되지. 설혹 신이 진화의 방식을 사용해 생물을 창조했다 해도 그런 신은 장님일 수밖에 없다는 거야. 진화는 우연한 방식으로 무작위로 일어나기 때문에 어떤 의도나 계획대로 될 수 없다는 것이지. 자신의 책 「눈먼 시계공」에서 도킨스는 진화가 목적이나 방향성 없이 우발적으로 일어나는 현상임을 역설하고 있네. 그 주장이 옳다면 페일리의 설계 논증은 무너지게 되는 것이지.

그러나 페일리의 경우처럼 전통적인 설계 논증에서 사용되는 설계 개념이나 무신론 진화론자가 반박하는 설계 개념이나 내가 보기에는 모두 반쪽짜리네. 그들이 사용하는 설계 개념은 설계라는 구상보다는 어떤 기적을 통해 직접 만든다는 개념이 강하지. 자네는 설계 혹은 디자인을 뭐라고 생각하나?

박 기자 말씀하신 것처럼 뭔가를 만들기 위해 구체적으로 구상하고 그것을 도면에 그리거나 계획하는 것 같은 것이겠죠.

한 교수 그렇지. 자네가 말한 것처럼 설계란 어떤 목적을 가지고 뭔가를 구상한다는 의미지. 더 확장하면 그 구상대로 뭔가를 만들어 내는 일까지 포함할 수 있겠지. 하지만 만드는 행위 자체가 설계에 꼭 포함될 필요는 없지 않겠나? 건축을 예로 들어 볼까? 설계자는 어떤 집을 지을지 구상하며 설계도를 만들지만 실제로 집을 짓는 사람은 시공자들이야. 반면에 시계공과 같은 장인은 본인이 손수 작품을 구상하고 만들어 내기도 하지. 이렇듯 완성품을 구상하는 지적 작업은 설계에 필수적이지만, 그렇다고 모든 경우마다 직접 만들어 내는 수 작업이 설계에 포함돼야 하는 것은 아니라는 말일세.

자네가 크리스천이라고 가정하고 답해 보게나. 신은 태양계를 설계했을까? 여덟 개의 행성과 지구 주위를 아름답게 도는 달이 포함되는 태양계 말일세. 많은 크리스천 과학자는 이 태양계가 깊고도 깊은 창조주의 지혜와 지식의 부요함을 통해 창조의 계획 안에서 설계되었다고 생각하네. 그러나 신이 직접 행성과 달을 하나씩 특별한 방식으로 제작했다고 생각하지는 않네. 물론 뉴턴 같은 위대한 과학자도 신이 행성들을 지금의 위치에 직접 배치했거나 천사들을 통해 주기적으로 행성의 궤도를 수정하고 있다고 생각했지. 신이 직접 개입해 행성들의 궤도를 유지한다고 여긴 거야. 그러나 그렇게 생각하는 과학자는 이제 더 이상 없지. 행성들이 공전하는 질서 있고 아름다운 태양계는 분명 신의 설계(디자인)였을 테지만, 그 설계가 실제로 구현된 것은 태양이 만들어지고 행성들이 잇따라 만들어진 긴 자연적 과정을 통해서야. 신의 설계가 자연적 과정으로 완벽히 수행된 것이지.

그런데 설계 논증에 사용되는 설계 개념이나 무신론적 진화론자가 비판하는 설계 개념은 이런 종류의 설계를 포함하지 않네. 미국의 칼빈 대학의 물리학과 교수였던 하워드 반 틸이 비판한 대로 무신론적 진화론자가 비판하고 창조과학자나 지적설계론자가 변호하는 설계는, 지적 작업에 더하여 손으로 직접 만드는 일이 포함된 제한적 설계라는 거야. 즉 지적 존재가 직접 자연계 안에 개입해 만든 기적적인 현상들을 설계의 대상으로 삼는 것이지.

만일 태양계의 행성들이 어떻게 현재의 궤도에 놓였는지에 대한 과학적 설명이 불가능하다면, 그래서 자연적인 과정이 아니라 뉴턴이 생각한 것처럼 신의 간섭을 통해 행성의 위치들이 결정되었다면, 이것이 바로 설계 논증이 사용하는 설계의 예가 되는 셈이지. 반면 태양계가 자연적 과정을 통해 신의 설계대로 구현되었다면, 이러한 태양계는 설계 논증에서 사용되지도 않고 무신론적 진화론자도 공격하지 않는 대상이야. 왜냐하면 이런 태양계는 과학적 설명이 가능한 현상이 되어 버리니까 기적적인 신의 개입을 바탕으로 하는 설계 논증 자체에 사용할 수 없게 되는 것이지.

반면에 신이 진화의 방식을 통해 생물들이 만들어지도록 설계했다면 어떻겠나? 그러니까 마술사처럼 직접 신이 간섭할 필요 없이 자연적 과정을 통해 생물들이 만들어지도록 계획했다고 가정해 보세. 진정한 의미에서는 이렇게 자연적 방식으로 구현되는 현상들도 설계에 포함해야 하네. 하지만 이렇게 직접 만드는 행위를 포함하지 않고 지적 작업에 그치는 설계는 설계 논증에서 전혀 다루지 않기 때문에 반쪽짜리밖에 될 수 없다는 것이야.

신이 생물을 창조할 때 시계공처럼 일할 수밖에 없었다면 그런 신의 존재는 도킨스 같은 무신론자에 의해 무력화되었을지도 모르지만, 신이 꼭 시계공이 시계를 만들 듯 생물을 창조해야 하는 것은 아니거든. 진화 같은 우연하고 무목적적인 것처럼 보이는 방식을 사용해서 생물들을 창조할 수도 있지. 결국 도킨스는 기적에만 제한시켜서 마술사적 이미지를 갖는 신의 설계 논증을 격파하는 데 성공했는지는 몰라도 실제로 더 넓은 의미의 신의 설계, 그러니까 진화 같은 방식을 통해서 생물을 창조할 수 있는 신의 설계를 무너뜨린 것은 아니라네. 옥스퍼드 대학의 알리스터 맥그래스라는 신학자도 최근에 도킨스를 비판한 「도킨스의 망상」(The Dawkins Delusion?, 살림)이라는 책에서 윌리엄 페일리의 설계 논증이 갖는 문제점들에 대한 우려가 이미 19세기부터 기독교계 안에 있었다는 점을 지적하고 있지. 맥그래스는 옥스퍼드 대학에서 생물학 박사학위를 받고 신학자가 된 인물인데, 그의 책은 자네에게 큰 도움이 될 걸세.

진화는 신의 설계를 반증한다?

박 기자 하지만 도킨스의 주장처럼 진화가 우연히 일어난다면 그건 신의 설계를 반증하는 것 아닌가요? 설계라고 하면 어떤 계획과 목적, 혹은 방향과 질서 이런 것들이 중심이 돼야 되는데 진화는 그런 것과는 거리가 먼 것처럼 보이는데요?

한 교수 물론 자네 말엔 일리가 있네. 생물학자에 따르면 생물의 진화가 어떤 설계도에 따라 이루어진다고 보기는 어렵다고 하지. 진화는 어떤 특정한 방향으로 이루어지기보다는 무작위로 일어나거든. 하지만 '진화의 방식은 신의 설계가 될 수 없다는 생각'은 진화가 가진 특징인 우연·무목적성·무방향성이라는 말을 잘못 이해하고 있기 때문

결국 도킨스는 마술사적 이미지를 갖는 설계 논증을
격파하는 데 성공했는지는 몰라도
실제로 더 넓은 의미의 신의 설계, 그러니까
진화 같은 방식을 통해서 생물을 창조할 수 있는 신의 설계를
무너뜨린 것은 아니라네.

이네. 과학에서 사용하는 우연이라는 말은 우리가 일상에서 사용하는 우연이라는 말과는 차이가 있어.

보통 누군가 의도하지 않은 일이 발생하면 우연이라고 하지. 그러니까 우연히 발생한 사건은 누군가 계획(혹은 설계)한 것이 아니라는 뜻이 되지. 그런 의미에서 본다면 진화가 우연이라고 할 때 진화는 신의 설계일 수 없다는 뜻이 되네.

하지만 과학에서 사용하는 우연이라는 개념은 그런 개념이 아니지. 과학에서는 가능한 여러 가지 일 중에 하나가 발생하는 것을 우연이라고 표현하네. 꼭 그 일이 일어나야 하는 것은 아니지만 여러 가지 가능성 중에 하나가 실현되는 것이지. 주사위를 던지면 1에서 6까지의 숫자 중에 어떤 숫자도 나올 수 있네. 만일 주사위를 던졌는데 5가 나왔다면 이런 경우를 우연이라고 표현하네.

복권으로 한 번 설명해 볼까? 어떤 사람이 산 복권이 당첨되었다고 가정해 보세. 꼭 그 사람이 당첨되어야 할 필요는 없지. 복권을 산 많은 사람이 당첨될 가능성이 있지만 그중에 그 사람이 당첨된 것일 뿐이야. 이런 것을 우연이라고 하지. 그럼 이렇게 우연이라고 설명되는 현상이 설계를 배제한다고 생각하나? 그건 아닐세. 어떤 사람이 복권에 당첨된 일은 많은 가능성 중에 한 가지가 실현된 우연한 사건이라는 과학적 설명이 가능하지만, 신이 우연한 사건을 이용하여 특정한 사람이 복권에 당첨되게 했다고 볼 수도 있거든. 즉 신이 그렇게 의도(설계)했다고 볼 수 있다는 것이지. 그러니까 과학적으로 봤을 때 우연한 사건이라고 해서 신의 의도(설계)를 배제할 수는 없고, 따라서 우연과 설계는 양립할 수 있는 거야.

실제로 성경을 보면 이런 예가 많아. 하나님이 제비뽑기를 통해 자신의 뜻을 알려 주는 경우가 꽤 있거든. 제비를 뽑아서 한 사람이 당첨되는 것은 과학적으로 볼 때 외부의 통제나 방향성이 없이 발생하는 우연한 사건이지만, 하나님은 그 사건을 사용해서 자신의 뜻을 드러내시거든. 다시 말하면 과학적으로는 다양한 가능성 중에 하나가 실현된 것으로 설명할 수 있지만 그럼에도 불구하고 그 사건은 신의 계획이 담긴 사건일 수 있다는 말일세. 그러니까 눈 같은 생물의 복잡한 구조가 진화라는 우연한 현상을 통해 만들어지는 것이라고 해도 신은 얼마든지 자신의 설계를 수행할 수 있는 것이지.

박 기자 그러니까 교수님은 우리가 일상적으로 사용하는 우연이라는 말과 과학에서 사용하는 우연이라는 말이 다르다는 것이군요. 그리고 다양한 가능성 중에 한 사건이 일어났다고 해도 그 안에는 신의 계획이 담겨 있을 수 있다는 거구요. 동의하기는 어렵지만 일단 논리적으로는 이해했습니다. 그러나 여전히 질문이 남습니다. 진화론이 보여 주는 것처럼 진화가 목적 없이 발생했다면 인간이 어떤 목적을 위해 창조되었다고 볼 수 없는 것 아닙니까?

한 교수 '인간이 진화의 산물이라면, 긴 우주의 역사와 광대한 우주 공간 속에서 우연히 태어난 인간은 어떤 목적을 위해 창조된 것이 아니다'라는 주장은 무신론 진화론자의 주장이지. 하지만 진화 이론이라는 과학 자체는 인간 존재의 목적에 대해 아무것도 말해 주지 않네. 진화 이론은 인간의 기원에 대해 과학적 설명을 시도할 뿐이지. 따라서 그렇게 진화된 인간이 목적 없이 만들어졌다고 주장하는 것은 결코 과학적인 주장이 아니네. 그런 주장은 진화 이론을 바탕으로 한 무신론자들의 해석에 지나지 않아. 즉 진화주의가 되는 것이지. 마술사가 비둘기를 만들어 내듯 어떤 기적적인 방식에 의해 인간이 만들어졌다면 그런 인간은 목적과 존엄성을 가질 수 있고, 반면 오랜 기간 동안 인과관계를 따라 일어나는 진화라는 방법에 의해 인간이 만들어졌다면 그 인간에게는 목적이나 존엄성이 있을 수 없다고 보는 것은 그저 하나의 의견일 뿐일세. 인간 존재의 목적과 같은 내용은 과학이 말해 줄 수 있는 사안이 아니라네. 무신론 진화론자가 진화 과학에 대해 설명할 때는 귀를 기울일 필요가 있지만, 자신의 세계관을 바탕으로 과학을 넘어서는 해석이나 결론을 주장할 때는 냉철하게 비판할 필요가 있지.

박 기자 교수님은 진화론을 거의 받아들이시는 것처럼 보입니다. 정말 그런가요?

한 교수 글쎄, 나는 무신론인 진화주의는 거부하지만 과학으로서의 진화 이론을 굳이 거부해야 하는 이유에 대해선 잘 모르겠네. 그건 결국 과학이 밝혀야 할 숙제가 아닌가?

박 기자 교수님이 말씀하신 내용이 사실이라면 왜 우리가 과학과 신앙이 적이라는 주장을 듣게 되는 겁니까? 과학이 중립적이라면, 왜 기

글쎄, 나는 무신론인 진화주의는 거부하지만
과학으로서의 진화 이론을
거부해야 하는 이유들에 대해선 잘 모르겠네.
그건 결국 과학이 밝혀야 할
숙제가 아닌가?

독교는 과학을 적으로 규정하고 과학은 신앙을 버려야 할 쓰레기로 취급하는 거죠? 크리스천이나 과학자 대부분이 그렇게 생각하는 것 아닌가요?

한 교수 자네 좀 흥분했구먼. 물론 절대로 그렇지 않네. 크리스천 넌 크리스천 할 것 없이 많은 사람이 과학과 신앙은 적대적이라는 한 입장만 알고 있지. 하지만 사실 그것은 여러 목소리 중 하나에 불과하네. 사실 과학과 종교 혹은 신앙의 관계는 상당히 복잡해서 단순하게 딱 잘라 말하기는 어렵네. 과학은 신앙의 적이라든지 혹은 친구라든지 그렇게 단순화시키기는 어렵지.

흠, 그런데 오늘 얘기가 너무 길어졌군. 자네 다음 주 토요일에 시간 있나? 내가 '과학과 신앙에 관한 세 가지 견해'라는 주제로 강연을 하기로 되어 있거든. 물론 크리스천을 대상으로 하는 강연이야. 이 문제를 크리스천의 입장에서 한 번 바라보는 것이 자네에게 도움이 될 것 같아서 자네를 꼭 초대하고 싶네. 시간이 되면 신촌에 있는 청어람 아카데미로 오게. 초대장이 여기 어디에 있을 텐데….

핵심 주장

⟨반쪽짜리 설계 개념 – 리처드 도킨스와 윌리엄 페일리의 설계 논증⟩

1. 설계 논증이란?

   자연 세계를 들여다보면 자연 세계를 설계한 설계자 혹은 창조자를 알 수 있다는 논증. 시계의 복잡한 구조와 기능을 통해 시계를 만든 시계공을 자연히 떠올리는 것처럼, 자연 세계에서 발견되는 동물의 눈 같은 복잡한 구조들이 창조주의 존재를 입증한다는 논리. 이 논증을 주장한 대표적 인물로는 19세기의 신학자 윌리엄 페일리가 있다.

2. 리처드 도킨스에 대하여

   진화 이론을 근거로 무신론을 주장하는 대표적인 무신론자 도킨스는 자신이 정의하는 진화 이론의 무작위성, 우연성을 근거로 페일리의 설계 논증을 공격한다.

3. 도킨스와 페일리의 설계 논증이 가진 한계

   신의 설계를 시계공이 시계를 만드는 방식으로 제한함. '자연법칙의 인과관계를 통해 생물체가 만들어질 수 있다'는 설계 개념이 전혀 담겨 있지 않다. 즉, 이들의 주장은 신의 설계를 기적적인 방식으로만 제한하는 반쪽짜리 설계 개념의 한계를 지녔다.

4. 올바른 설계 개념 속의 신이란?

   신은 무작위로 일어나는 것처럼 보이는 사건을 통해서도 일할 수 있다. 즉, '신은 진화라는 방식으로 생명체와 인류를 설계하고 만들 수 없다'라고 주장하는 것은 신의 존재를 '인간의 제한된 이해의 틀 속에 가두는 것'이다.

생각할 문제

1. '생물의 기관 중 하나인 눈을 보면 누군가 그 눈을 창조했음이 분명하다'는 윌리엄 페일리의 설계 논증의 장점과 약점은 무엇인지 논해 보라.

2. 설계라는 말을 정의해 보고 기적을 통한 창조와 자연현상을 통한 창조, 두 가지의 경우를 설계라는 개념으로 설명해 보라.

3. 도킨스와 같은 무신론자의 설계 비판의 핵심은 무엇인지 요약해 보라. 이에 대해 크리스천이 취할 건전한 태도는 무엇인가?

더 읽을거리

1. 과학을 도구로 삼아 무신론을 설파하는 대표적인 저자로는 리처드 도킨스를 꼽을 수 있다. 그의 책 중 「눈먼 시계공」은 진화 이론을 가지고 유신론적 세계관을 치밀하게 공격한 대표작이라고 할 수 있다. 도킨스의 다른 책으로는 2006년에 나온 「만들어진 신」을 들 수 있는데, 이 책은 도킨스의 학자적 명성에 미치지 못하는 도그마적인 책으로 평가된다. 도킨스와 더불어 무신론의 전도사로 꼽히는 다니엘 데넷의 책들도 무신론자들의 주장을 살펴보는 데 도움이 될 것이다.

2. 도킨스에 대한 비판서로는 다음 책들을 참고하라.
- 알리스터 맥그래스, 「도킨스의 신」(SFC 출판부).
- _____, 「신 없는 사람들」(한국 IVP).
- 조애나 맥그래스 공저, 「도킨스의 망상」(살림출판사).
- 윤동철, 「새로운 무신론자들과의 대화」(새물결플러스).

3. 진화 이론을 받아들이는 불가지론자의 입장인 마이클 루즈의 책도 읽어 볼 만하다. 마이클 루즈는 진화론과 기독교가 양립할 수 있는 가능성을 살펴보는데, 크리스천이 아님에도 그의 대답은 긍정적이다. 기독교를 보는 도킨스의 시각이 극단적이라면 루즈의 시각은 훨씬 균형잡혀 있다.
- 마이클 루즈, 「다윈주의자가 기독교인이 될 수 있는가?」(청년정신).

2부

성경과 과학, 함께 생각하다

5. 성경에 대한 세 가지 이해
6. 과학과 기독교,
   적일까 남남일까 동지일까?
7. 창조과학을 어떻게 볼 것인가?
8. 진화 이론, 제대로 알기
9. 지적설계 비판
10. 창조 기사 이해하기
11. 책을 마감하며

5.
성경에 대한
세 가지 이해: 한 교수의 강의 1

시간이 아직 일렀지만 박 기자는 신촌에 있는 청어람아카데미를 찾았다. 기독교 계열의 연구소처럼 보이는 이곳에서는 주로 강연회와 세미나들이 기획되는 듯했다. 크리스천을 무식하고 반지성적이라고 여겼던 박 기자는 여기서 논의되는 다양한 주제들을 보고는 흠칫 놀랐다. 최근 이슈가 되고 있는 정치적·사회적 문제를 비롯해 다양한 문화 이슈들이 제법 심각하게 다뤄지는 듯했다.

'흠, 요즘엔 생각 있는 크리스천이 제법 있나 보네. 교회도 지성인을 키우는 것이 중요하다는 데 눈을 뜬 건가?'

이곳저곳 둘러보던 박 기자는 일찌감치 강연장으로 들어가 자리를 잡았다. 좌석을 메운 사람들은 대부분 크리스천으로 보였다. 크리스천 모임에 와 있다는 것이 내심 불편하긴 했지만, 한 교수의 강의를 들어 보겠다는 마음에 자리를 지켰다. 시간이 되자 한 교수가 소개되었고 강의가 시작됐다.

한 교수 자리를 마련해 주신 여러분께 감사를 드립니다. 저는 오늘 과학과 신앙의 관계에 대한 여러 가지 기독교적 견해들에 대해 나누려고 합니다. 우선 그 견해들을 살피기 전에 먼저 세 가지 점을 짚고 넘어가고자 합니다. 흔히 과학과 신앙이 대립되는 듯 보이는 문제들을 세부적으로 살피기보다는 먼저 큰 그림을 보는 것이 중요합니다. 나무보다는 숲을 먼저 보는 것이 필요하다는 말입니다. 그러한 관점에서 우선 성경에 관련된 세 가지 점을 확실히 해 두어야 하겠습니다.

성경과 자연은 하나님이 주신 두 가지 책

<u>한 교수</u>　가장 먼저 우리가 주목할 점은 성경과 자연은 둘 다 하나님이 우리에게 주신 책이라는 것입니다. 성경은 하나님이 주신 특별계시로서 예수 그리스도가 누구인지, 구원의 길이 무엇인지, 이 세상의 창조주가 누구인지를 가르쳐 줍니다. 반면 자연은 하나님이 주신 일반계시로서 하나님이 우주를 어떻게 주관하시는지, 세상을 어떻게 다루시는지 알려 주지요. 성경과 자연을 하나님이 주신 두 개의 책으로 이해하고 함께 읽는 것은 기독교의 오랜 전통이라고 할 수 있습니다. 이 두 책은 하나님이 스스로를 드러내시는 계시이며 그렇기 때문에 이 둘은 결코 서로 모순될 수가 없습니다.

　자, 문제는 '두 책을 어떻게 읽을 것인가?' 하는 점입니다. 재밌게도 우리가 두 책에서 정보를 얻는 방법은 얼핏 비슷합니다. 성경이라는 책에서 정보를 얻을 때 우리는 신학적 도구를 사용하지요. 마찬가

지로 자연이라는 책에서 정보를 얻을 때는 과학적 방법론을 사용합니다. 그러니까 신학과 과학은 어떤 면에서 책 읽기라고 말할 수 있습니다. 그리고 우리가 고백하는 신앙과 과학의 내용은 각각 이러한 책 읽기의 결과라고 할 수 있지요. 다시 말하면, 신앙은 어떤 면에서 성경에 대한 우리의 이해 혹은 해석에 바탕을 둡니다. 기독교 신앙은 성경에 대한 이해와 해석에 기초해서 세워진다고 해도 과언이 아닙니다. 반면 우리가 자연을 연구하고 이해한, 그러니까 해석한 내용을 체계적으로 쌓아 놓은 것을 과학이라고 할 수 있습니다.

문제는 우리의 책 읽기, 특히 해석이 완벽하지 않다는 데 있습니다. 성경 해석이 완벽하지 않을 뿐 아니라, 자연에 대한 이해 혹은 해석도 완벽하지 않다는 것이죠. 그래서 때로는 성경 해석에 기초를 둔 우리의 신앙과 자연에 대한 이해에 기반을 둔 과학이 모순되는 것처럼 보이는 경우가 있는 겁니다. 성경이라는 책과 자연이라는 책이 모순을 일으키는 것처럼 보였던 역사의 예들은, 사실 두 책 사이의 모순이 아니라 두 책을 읽는 방식인 신학(혹은 성경 해석)과 과학 사이의 모순이었습니다. 갈릴레오의 지동설의 경우도 마찬가지입니다.

따라서 이렇게 신앙과 과학이 부딪히는 것처럼 보일 때에는 우리가 성경을 올바르게 해석했는지, 우리가 자연을 제대로 이해했는지 되돌아봐야 하는 겁니다. 과학과 신학은 패러다임의 변화에 따라 끊임없이 변해 왔습니다. 한쪽의 패러다임이 먼저 바뀌면서 다른 한쪽의 패러다임이 뒤따라 바뀌기도 했고, 동시에 두 개의 패러다임이 바뀌기도 했습니다. 그리고 물론 앞으로도 계속 변화해 갈 것입니다.

성경과 자연, 두 책은 모순되지 않으며 상호 보완적이라는 점을 교황 요한 바오로 2세가 잘 표현한 적이 있습니다. "과학은 오류와 미신으로부터 종교를 정화할 수 있으며, 종교는 맹목적 숭배와 잘못된 절대성으로부터 과학을 정화시킬 수 있다. 과학과 종교는 각각 서로가 더 번영할 수 있는 더 넓은 세계로 서로를 끌어당길 수 있다." 우리에게는 성경과 자연이라는 두 가지 책이 주어져 있습니다. 우리는 결코 어느 한 책도 간과할 권리를 갖고 있지 않으며 두 책을 분리해 읽어서도 안 됩니다. 우리는 성경과 자연을 조화롭게 그리고 동시에 보아야 하며, 그래야만 두 책을 모두 제대로 읽는 셈이 되는 것입니다.

'지구의 나이가 얼마나 오래되었는가?' 하는 문제에 대해서 「창조와 시간」(Creation and Time)이라는 책을 쓴 천문학자이자 신학자인 휴 로스(Hugh Ross)는 이렇게 말했습니다.

"과학이 신학과 모순되는 것처럼 보일 때 우리는 자연의 사실과 성경 말씀 중 어느 하나도 거부할 필요가 없다. 그보다는 자연의 사실과 성경 말씀에 대한 우리의 해석을 점검해 봐야 한다. 그 이유는 건전한 과학과 건전한 성경 해석은 항상 조화롭기 때문이다."

성경 해석은 필수

<u>한 교수</u> 두 번째로 우리가 주목할 점은 성경을 올바로 이해하기 위

해서는 해석이라는 작업이 필요하다는 것입니다. 여러분이 아시는 대로 성경은 몇천 년 전에 매우 다른 문화권에서 다른 언어로 쓰였습니다. 그렇기 때문에 성경이 의미하는 바가 무엇인지를 제대로 이해하기 위해서 올바른 해석이 필수입니다. 인간의 언어로 쓰인 성경은 우리가 원하는 방식으로 읽기가 매우 쉽습니다. 여러분도 성경을 읽으면서 자신이 원하는 방식으로 이해하고 적용한 경험들이 많을 겁니다. 물론 우리가 개인적인 삶의 적용 차원에서 성경을 폭넓고 다양하게 이해하는 것은 크게 나쁘지 않습니다. 성경이 제시하는 메시지의 큰 틀에 위배되지 않는다면 말입니다.

하지만 '천지창조가 만 년 전에 이뤄졌는가?' 혹은 '백억 년 전에 이뤄졌는가?', '지구는 움직일 수 있는가?' 혹은 '인간은 하등생물로부터 진화했는가?' 하는 문제들을 다룰 때는 성경을 정확하게 해석하는 작업이 매우 중요합니다. 성경이 의미하는 바를 정확히 풀어 내는 작업을 하지 않고 그냥 읽히는 대로 성경을 읽으면, 읽는 사람에 따라 서로 다른 주장을 하게 되기 쉽습니다. 그렇기 때문에 성경과 과학에 관련된 문제를 다룰 때에는 '성경을 어떻게 해석할 것인지'가 핵심 이슈가 되는 것입니다. 이 문제는 우리가 좀더 구체적으로 다양한 기독교적 관점들을 살펴보면서 다루기로 하지요.

성경을 제대로 해석해야 한다고 얘기하면, 거부감을 갖는 사람들도 있습니다. 성경의 의미를 확대하거나 축소하지 말고 '있는 그대로' 읽어야 한다는 것이지요. 그러나 성경을 있는 그대로 읽는다는 말 자

과학이 신학과 모순되는 것처럼 보일 때
우리는 자연의 사실과 성경 말씀 중, 어느 하나도 거부할 필요가 없다.
그보다는 자연의 사실과 성경 말씀에 대한
우리의 해석을 점검해 봐야 한다. 그 이유는 건전한 과학과
건전한 성경 해석은 항상 조화롭기 때문이다.

체에는 모순이 있습니다. 그 말은 자기 나름대로 성경을 읽는다는 말과 비슷합니다. 가령 성경에 나오는 '하늘에 계신 우리 아버지'라는 표현에서 '하늘'이 과연 무슨 뜻입니까? 지표면과 우주 공간 사이의 대기권을 말하는 것일까요? 이 경우 현대 교육을 받고 21세기에 사는 우리가 머릿속에 떠오르는 이미지 그대로 성경을 읽는 것이 옳은 것일까요?

있는 그대로 성경을 읽는다는 말은 나의 경험과 내가 받은 교육, 그리고 내가 속한 문화의 개념으로 성경을 읽는다는 말입니다. 그것 자체가 하나의 해석입니다. 더군다나 우리가 읽는 한글 성경 자체가 번역된 성경이기 때문에 이미 해석의 작업을 거친 것이기도 하지요. 우리가 생각해 봐야 할 점은 '있는 그대로 읽는다'는 그 해석이 '과연 성경이 원래 의미하는 바인가?' 하는 점입니다. 많은 경우 그렇지 않습니다. 그렇기 때문에 성경이 원래 의미한 바가 무엇인지 면밀히 살피는 해석 작업이 중요한 것입니다. 물론 한글을 막 깨우친 어느 할머니가 어떻게 성경을 제대로 해석할 수 있느냐고 반론을 제기할 수도 있습니다. 그러나 성경의 중심 내용인 예수의 삶과 복음의 핵심은 이미 교회사를 통해 잘 해석되고 정리되어 왔습니다. 반면 신앙과 과학이 모순되는 것처럼 보이는 문제들을 다룰 때에는 과연 성경이 무엇이라고 말하는지 따져 보는 식의 깊이 있는 해석 작업이 요구되는 것이지요.

덧붙여 제가 지적하고 싶은 점은 성경 자체에 대한 우리의 태도입니다. 우리가 믿는 기독교는 이슬람교와 다릅니다. 무슬림이 코란을 대하듯 우리는 성경을 대할 필요가 없습니다. 때때로 저는 많은 크리스천이 성경을 우상시하는 듯한 인상을 받습니다. 하나님의 계시로서 성경의 권위를 인정하는 것은 정말 중요합니다. 하지만 성경은 결국 인간의 언어로 쓰였습니다. 인간의 언어로 쓰였다는 말은 성경의 정확한 의미를 파악하기 위해서는 분석하고 해석하는 작업이 필요하다는 것입니다. 우리가 믿는 것은 '성경을 우상시하는 성경교'가 아니라 '예수를 믿는 기독교'입니다. 성경의 올바른 이해를 위해서는 해석의 작업이 절대적으로 필요한 것이지요.

성경은 과학 교과서가 아니다

한 교수 세 번째 내용은 성경이 과학 교과서가 아니라는 점입니다. 성경은 자연현상들이 어떻게 발생하는지 그 원리를 가르쳐 주고 규명해 주는 책이 아닙니다. 물론 성경을 과학 교과서로 보는 입장도 있습니다. 예를 들어 창조과학의 아버지라고 불리는 헨리 모리스(Henry Morris)는 성경을 과학 교과서로 봐야 한다고 주장합니다. 하지만 성경의 목적은 우리에게 자연현상의 원리를 가르쳐 주는 데 있는 것이 아니라, 그 자연현상의 주인이 누구인지 가르쳐 주는 데 있습니다. 갈릴레오가 말한 것처럼 성경은 하늘이 즉 천체가 어떻게 움직이는지 알려 주는 게 아니라, 어떻게 하늘에 즉 천국에 가는지 알려 주는 책입니다.

우리가 믿는 것은 성경을 우상시하는 성경교가 아니라
'예수를 믿는 기독교'입니다.
성경의 올바른 이해를 위해서는 해석의 작업이
절대적으로 필요한 것이지요.

성경을 과학 교과서로 보기 시작하면 많은 문제에 봉착하게 됩니다. 예를 들어 볼까요? 열왕기상 7장(표준새번역)을 보면 솔로몬이 자신의 왕궁을 건축한 뒤에 성전을 건축하는 이야기가 나옵니다. 특히 성전 안에 놓을 여러 기구들에 대한 묘사가 나오는데요, 그중 23절에 둥근 모양을 한 물통에 관한 표현이 있습니다. 지름은 열 자요, 둘레는 삼십 자라는 표현이 바로 그것입니다. 우리는 수학적으로 원의 둘레는 지름의 3.14배라는 것을 알고 있습니다. 그러니까 지름이 열 자이면 둘레는 31.4자가 되어야 하죠. 원의 지름과 둘레에 대한 우리의 지식에 위배되는 이 성경의 표현에 대해 여러분은 어떻게 생각하십니까? 성경이 틀린 것인가요? 성경을 과학 교과서로 보기 시작하면 이런 문제에 빠지게 됩니다.

신경과학자인 샘 해리스는 성경이 모순되는 이야기를 가득 담고 있으며 심지어 수학의 파이(π) 값도 못 맞춘다고 비판합니다. 성경에 대한 대단한 오해입니다. 열왕기상을 기록한 성경 기자의 의도는 원의 지름과 둘레 사이의 관계를 가르쳐 주는 데 있는 것이 아닙니다. 지름이 열 자이니까 둘레를 31.4자라고 했다면 문제가 없었을까요? 그렇지 않습니다. 파이 값은 '3.141592…'로 무한히 이어집니다. 어디서 반올림을 해야 합니까? 성경이 과학 교과서도 아닌데 열 자 단위로 반올림을 했기로서니 그것이 뭐가 그렇게 문제가 될까요. 사실, 솔로몬의 성전 기구들에 대한 묘사는, 솔로몬이 하나님의 성전을 위해서 얼마나 노력했는지를 보여 주는 데 있습니다. 수학적 원리를 가르쳐 주려는 목적으로 쓰인 것이 아니지요.

　만일 성경이 자연현상의 원리를 가르쳐 주는 데 그 목적이 있다면 어느 시대에 기준을 맞춰야 하는 걸까요? 성경이 19세기 과학의 내용에 기준을 두고 쓰였다면 과학이 더 발전한 20세기의 성경 독자들이 볼 때 모순을 발견할 것이고, 21세기에 기준을 두고 쓰였다면 22세기의 성경 독자들이 모순을 발견하게 될 겁니다. 자연에 대한 이해가 점점 넓어지면서 과학이 발전하기 때문에 계속 발전되는 과학의 내용을 성경에 담기 어렵다는 것입니다. 이것이 바로 성경이 과학 교과서가 아닌 또 다른 이유입니다. 비록 한 가지 예를 들었지만 이처럼 성경은 자연현상의 과학적 원리를 규명해 주는 데 그 목적이 있지 않다는 것을 여러분은 잘 이해하실 수 있을 겁니다. 기독교에서는 성경과 자연이라는 두 책 모두 하나님의 작품이라고 믿습니다. 저자가 같은 책이 서로 모순되지 않는 것은 당연합니다. 그러나 성경과 자연은 분명 두 가지 다른 책입니다. 성경에서 찾을 내용을 자연에서 찾거나, 자연에서 찾아야 할 내용을 성경에서 찾는다면 어떻게 되겠습니까? 과학과 신앙의 관계에 대한 많은 오해들은 사실 이 두 책을 잘못 사용했기 때문에 생긴 경우가 많습니다. 성경을 과학책으로 읽으면서 자연과학의 원리를 찾으려는 방식은 분명 잘못된 것입니다.

핵심 주장

1. 성경과 자연은 하나님이 우리에게 주신 두 가지 책이다. 그러므로 두 책을 함께 비교하며 읽어야 한다.
2. 성경을 바르게 이해하기 위해서는 해석의 작업이 필수적이다. 왜냐하면 성경은 다른 역사와 시대에 다른 문화권에서 쓰인 책이므로, 올바른 해석 작업 없이 각자가 원하는 대로 성경을 읽을 가능성이 크기 때문이다.
3. 성경은 과학 교과서가 아니다. 성경이 쓰인 목적은 예수 그리스도가 누구이고 하나님 나라가 무엇인지를 보여 주는 것이다. 성경을 과학 교과서로 보기 시작하면 지동설을 반대했던 과거의 실수를 반복하게 된다.

생각할 문제

1. 성경과 자연의 공통점과 차이점은 무엇인가? '성경과 자연은 하나님이 주신 두 가지 책'이라는 주장의 장단점을 논해 보라.

2. 성경을 읽을 때 해석이 동반될 수밖에 없다는 사실에 동의하는가? 성경을 올바로 읽는 방법은 무엇인가?

3. 성경은 과학 교과서인가, 과학 교과서가 아닌가? 아울러 성경이 과학 이외의 다른 영역(법, 예술, 심리학 등)에서도 교과서가 될 수 있는지 함께 논해 보라.

더 읽을거리

1. '성경을 어떻게 읽을 것인가'에 관한 고전적인 책으로는 다음을 들 수 있다.
   - 고든 피, 더글러스 스튜어트, 「성경을 어떻게 읽을 것인가」(성서유니온).

6.
과학과 기독교,
적일까 남남일까 동지일까?: 한 교수의 강의 2

한 교수의 강의는 계속 이어졌다. 그가 성경에 대한 세 가지 점을 다룬 것은 앞으로 계속 이어질 강의에서 과학과 신앙의 관계를 설명하기 위한 준비 작업이었다. 한 교수는 이제 본격적으로 과학과 신앙의 관계를 바라보는 세 가지 서로 다른 견해에 대해 설명하기 시작했다.

한 교수 자, 이제 과학과 신앙의 관계에 대한 여러 견해들을 구체적으로 살펴보도록 하겠습니다. 여기에는 크게 세 가지 입장이 있습니다. 첫째는 과학과 신앙을 갈등 관계로 보는 입장입니다. 둘째는 과학과 신앙이 서로 다른 영역의 내용을 다룬다는 분리적 입장입니다. 마지막으로 셋째는 과학과 신앙을 연결해서 봐야 한다는 통합적 입장입니다.

이런 견해들은 과학과 신앙의 관계를 포괄적으로 규정하는 견해들입니다. 이런 방식으로 분류하는 것을 유형론이라고도 하지요. 물론 유형론은 분명한 한계가 있고 사례에 따라 잘 들어맞지 않는 경우도 있습니다. 그러나 과학과 신앙의 관계를 파악하기 위해서는 유형론이 꽤나 유용하기도 합니다. 가령 구체적인 사안에 따라서 과학과 신앙은 갈등 관계일 때도 있고 동지가 되기도 합니다. 물론 과학과 신앙이 별로 관계가 없는 경우도 있습니다. 물이 몇 도에서 끓는지를 재는 과학 실험은 기독교와 전혀 관련 없어 보이는 것처럼 말이죠. 반면 진화생물학을 예로 든다면, 많은 사람은 기독교와 과학은 적이라는 생각을 쉽게 합니다.

그럼 본격적으로 세 가지 견해에 대해 살펴보고, 각각의 견해에 대한 비판도 들어 보기로 합시다. 여기서는 주로 창조-진화 논쟁을 예로 들어 논의해 보기로 하겠습니다.

과학과 신앙의 관계에 대한 세 가지 견해

과학과 신앙은 배타적이다-갈등론

한 교수 갈등론은 신앙과 과학이 '상호 배타적'이라는 입장입니다. 신앙과 과학은 양립할 수 없기 때문에 둘 중의 하나를 선택할 수밖에 없다는 입장입니다. 여기에 속하는 그룹으로는 우선, 신앙을 인정하지 않는 '무신론 과학자들'을 꼽을 수가 있고, 그 다음으로 창조론자들 혹은 창조과학자들을 꼽을 수 있습니다.

무신론 과학자들은 인간은 신에 의해 창조된 것이 아니라, 자연적 과정과 진화에 의해서 목적과 방향성 없이 만들어졌다고 주장합니다. 그들의 주장에 따르면 '과학이 밝혀낸 진화 과정이 인간의 기원을 잘 설명해 내기 때문에 신의 창조는 틀렸다'는 것이지요. 반면 창조과학자들은 '인간은 신이 창조한 것이 분명하기 때문에 진화론은 틀렸다'고 주장합니다.

여기서 우리가 주목할 점은 두 주장 모두, '만약 인간이 창조되었다면 뭔가 기적적인 방식으로 특별하게 창조되었다'고 가정한다는 것입니다. 인간이 창조되었다면 기적적인 방식으로, 가령 마술사가 순식간에 비둘기를 만들어 내듯이 창조되었을 것이기 때문에 인간의 기원을 과학적으로 설명하려고 하는 진화 이론은 틀렸다는 것이 창조론자들의 주장입니다. 반면 인간의 기원을 진화 이론을 통해 과학적으로 설명할 수 있으니까 신의 창조가 될 수 없다는 것이 무신론 과학자들의 주장입니다. 이런 관점에서는 결국 인간이 진화되었다는 과학적 결론과 인간이 창조되었다는 신앙적 결론이 서로 배타적일 수밖에 없습니다. 그래서 갈등 관계의 대척지점에 있는 두 입장은 서로 크게 부딪힐 수밖에 없는 것입니다.

과학과 신앙은 서로 다른 영역의 문제를 다룬다-상호 독립론 혹은 분리론

독립론은 신앙과 과학은 각각 다른 영역을 다룬다는 입장입니다. 신앙은 초자연적 세계를 다루고 과학은 자연 세계를 다루기 때문에 이 둘은 서로 독립적일 수밖에 없다는 뜻입니다. 이 입장을 지지하는 많은 크리스천 과학자가 있고, 고인이 된 하버드 대학의 생물학자 스티븐 제이 굴드를 비롯한 많은 불가지론 과학자도 이 입장에 포함된다고 할 수 있습니다. 이 입장은 성경과 자연이라는 두 책을 갖고 있는 기독교 전통에서 보자면 매우 설득력이 있는데요, 물리학자였다가 성공회 신부가 된 존 폴킹혼이 제시한 예를 들어 봅시다.

어떤 주전자에 물이 끓고 있을 때, 이 현상을 설명하는 방식에는 두 가지가 있습니다. 하나는 과학적 설명인데 '열이 가해져 물 분자가 활발히 활동하고 있기 때문에 물이 끓고 있다'는 설명입니다. 또 다른 차원의 설명은 '누군가가 커피가 마시고 싶어 주전자를 불에 올려놓았기 때문에 물이 끓고 있다'는 것입니다. 이 두 설명은 각각 나름대로 주전자에서 물이 끓고 있는 현상을 잘 설명합니다. 그리고 이 두 설명은 서로 모순되거나 배타적이지 않습니다.

신앙과 과학도 이와 마찬가지라는 것입니다. 과학은 자연 세계가 움직이는 원리를 설명하고 신앙은 그 자연 세계를 움직이는 분이 누구인지를 가르쳐 줍니다. 이 두 설명은 둘 중 하나를 선택해야 하는 것이 아니라 둘 다 취할 수 있는 것이죠. 과학과 신앙은 서로 다른 차원에서 자연 세계를 설명하는 것으로 볼 수 있다는 말입니다. 과학은 '어떻게'라는 문제를 다루고, 신앙은 '왜'라는 문제를 다룬다고 말할 수도 있겠지요. 인간의 기원에 관해서도 과학은 인간이 어떻게 만들어졌는가를 다루고, 신앙은 인간이 왜 만들어졌는가를 다룬다는 것입니다.

상호 독립론의 중요한 점은 과학과 신앙이라는 두 가지 설명이 서로 독립적이라고 보는 것입니다. 가령 과학의 내용이 바뀌어서 물은 120도씨에서 끓는 것으로 밝혀졌다고 가정합시다. 그렇다면 주전자에서 끓고 있는 물에 대한 올바른 과학적 설명은 '물에 열이 가해져 120도씨에서 물 분자가 활발하게 운동하고 있다'가 될 겁니다. 하지만 과학적 설명이 바뀐다고 해서 '누군가가 커피가 마시고 싶어 물을 끓이고 있다'는 다른 차원의 설명이 바뀌지는 않습니다. 마찬가지로 물이 주전자에서 끓고 있는데 '이것은 누군가 커피를 마시고 싶어서 끓이는 것이다', '아니다, 라면을 먹으려고 끓이고 있다'는 논쟁이 있다고 합시다. 두 주장 중에 어느 것이 옳든, 열이 가해져 물 분자가 100도씨에서 활발히 운동하고 있다는 과학적 설명은 바뀌지 않습니다.

상호 독립론자들의 의견은 과학과 신앙의 관계도 이와 마찬가지로 독립적이라는 겁니다. '과학이 무엇을 새롭게 발견하든지 우리는 계속 예수를 믿을 것이다'는 입장이라는 말이지요. 태양이 지구 주위를 돌고 있다는 천동설이 정설일 때도 사람들은 예수를 믿었고, 지구가 태양 주위를 돌고 있다는 지동설로 정설이 바뀐 뒤에도 사람들은 예수를 계속 믿었으며, 또 앞으로 어떤 새로운 과학적 결과가 나온다 해도 여전히 사람들은 예수를 믿을 거라는 말입니다. 이런 면에서 과학과 신앙은 독립적이라는 견해입니다.

과학과 신앙은 연결되어야 한다 – 상보론 혹은 통합론

상보론은 독립론과 비슷한데 조금 다른 점은 신앙과 과학의 유기적인 관계를 강조한다는 것입니다. 신앙과 과학은 전체 세계를 이해하는 면에서 서로 보완적이라는 입장입니다. 다시 말해 일종의 파트너라는 면을 강조하는 것입니다. 이런 견해를 가진 사람들로는 인간 게놈 프로젝트 책임자였던 프랜시스 콜린스 같은 '크리스천 진화론자'들을 꼽을 수 있습니다. 이들의 주장은 신앙과 과학은 서로 다른 차원의 영역을 다루고 설명하지만, 그 둘을 함께 비교하면서 봐야 한다는 것입니다. 신앙과 과학이 서로 영향을 준다는 점에서 독립론과는 차이가 있습니다. 과학과 신앙이 독립적일 수는 없다는 입장입니다.

물론 문제는 '어느 선까지 과학과 신앙의 파트너 관계가 가능한가?'입니다. 독립론의 견해에서도 과학과 신앙이 무관하다고 주장하는 것은 아니거든요. 반면 창조과학자들처럼 '성경을 기초로 과학 이론을 세워야 한다'는 주장에는 반대합니다.

하지만 신앙과 과학은 서로 다른 차원에서 서로에게 영향을 줍니다. 신앙은 과학자의 동기나 연구 태도 그리고 윤리에 영향을 줍니다. 남들이 연구 결과를 확대하거나 논문을 조작할 때 혹은 자기 이익을 극대화할 수 있는 연구 주제를 선택할 때, 신앙이 있는 과학자들은 좀 더 남들에게 도움이 될 연구 주제를 선택하고 정직하고 성실하게 연구 활동을 할 수 있습니다. 반대로 과학이 신앙에 영향을 줄 수도 있습니다. 자연 세계를 연구한 결과들이 성경을 바르게 해석하는 데 사용될 수도 있는 것이지요. 예전에는 '땅의 기초를 든든히 놓으셔서 땅이 영원히 흔들리지 않게 하셨습니다'라는 시편 104편 5절(표준새번역)의 말씀을 문자적으로 해석했지만, 지구가 움직인다는 것이 과학적으로 알려진 이후에는 이 구절을 더 이상 문자적으로 해석하지 않습니

하지만 신앙과 과학은 서로 다른 차원에서
서로에게 영향을 줍니다.
신앙은 과학자의 동기나 연기 태도 그리고
윤리에 영향을 줍니다.

다. 결국 과학 지식이 증가하면서 성경을 더 올바르게 해석하게 되고, 신앙을 통해서 과학도 잘못된 방향으로 가지 않고 더 과학답게 된다고 보는 것이 이 상보론의 견해입니다.

더 나아가 상보론은 신앙을 지지하는 논거로 과학을 이용하기도 합니다. 천문학의 '대폭발 우주론'을 좋은 예로 꼽을 수 있습니다. 대폭발 우주론은 우주가 대폭발을 통해 시작되었다, 즉 '과거의 어느 시점에서 시간과 공간이 시작되었다'는 이론입니다. 대폭발 우주론은 기독교의 창조 교리와 비슷한 면이 있습니다. 기독교의 창조 교리는 무(無)로부터의 창조라는 특징을 갖고 있는데 '과거에 우주가 시작되었다'라는 '대폭발 우주론'은 이런 창조 교리를 지지한다는 겁니다. 그래서 여러 사람이 대폭발 우주론을 기독교 변증에 이용하는 책을 쓰기도 했습니다. 결국 이 견해는 과학과 신앙을 동시에 그리고 상보적으로 봐야 한다는 견해입니다.

각 견해에 대한 비판

한 교수 자 그럼, 각각의 견해가 비판받는 내용에 대해 살펴보기로 합시다. 우선, 갈등론에 대한 가장 큰 비판은 '왜 과학과 신앙을 둘 다 포용할 수 없는가?'라는 점입니다. 즉 '진화와 창조를 동시에 받아들이면 무엇이 문제인가? 왜 하나님은 진화라는 방식으로 인간을 창조할 수 없는가?'라는 의문이 따라옵니다. 이에 대한 무신론 과학자들의 답변은 '어떤 자연현상을 과학적으로 설명했는데 왜 신의 존재가 필요하냐'는 겁니다. 인간의 기원이 진화 이론에 의해서 잘 설명된다면 더 이상 신의 창조는 필요 없다는 주장이지요. 물론 이것은 도킨스 같은 무신론자들이 신의 창조를 기적적인 방식으로만 제한하고 있기 때문입니다.

하지만 과연 그렇습니까? 아닙니다. 하나님은 얼마든지 자연적인 방식, 과학으로 설명되는 방식으로도 일하시는 분입니다. 어떤 현상이 과학적으로 설명된다는 것은 무슨 말입니까? 하나님의 지혜와 지식을 토대로 만들어진 자연법칙에 따라, 어떤 현상이 일어나고 그 현상의 원리를 과학으로 우리가 이해하는 것입니다. 번개에 대한 과학적 이해가 없었을 때 사람들은, 번개는 신이 내리는 저주라고 생각했습니다. 하지만 번개가 전기적인 현상이라는 것이 밝혀진 이후에 우리는 번개를 평범한 자연현상으로 여깁니다. 자연현상의 비신화화가 이루어진 것입니다.

그렇다면 번개는 하나님이 만드신 것이 아닙니까? 그렇지 않습니다. 번개를 과학적으로 설명할 수 있다고 해서 번개는 신의 창조물이 아니라고 주장하는 건 별로 설득력이 없습니다. 금강산의 일만이천 봉 같은 절경이 풍화작용으로 만들어진 자연현상이라고 과학적으로 설명할 수 있지만, 동시에 그 절경은 하나님의 작품이 될 수 있습니다. 하나님이 풍화작용을 사용하셔서 만든 작품이라고 믿는 것입니다. 성경을 보면 때로 하나님은 천사를 보내거나 꿈에 나타나시거나 하는 기적적인 방식으로 일하시기도 하지만, 우리가 흔히 볼 수 있는 자연 현상인 가뭄이나 가뭄 뒤에 오는 비를 통해서 일하시기도 합니다. 이런 점에서 우리는 하나님의 창조를 기적적인 방식으로만 제한할 필요가 없습니다. 하나님은, 우리가 과학으로 이해할 수 있는 자연의 원리를 통해서도 얼마든지 천지를 창조할 수 있는 분이기 때문입니다.

물론 인간의 기원 문제와 진화론의 경우에는 설명이 그리 간단하지 않습니다. 무신론자들은 '진화는 방향성 없이 무작위적·우발적·우연적 사건들의 종합에 의해서 일어나기 때문에 이 세상은 결코 신이 설계하지 않았다'고 주장합니다. 역사적으로 기독교에서는, 마치 시계를 보고 시계를 만든 시계공을 유추할 수 있듯, 동물의 눈과 같은 자연계의 복잡한 기관을 보면 그것을 설계한 창조주를 유추할 수 있다는 논리를 사용해 왔습니다. 이런 논리를 설계 논증이라고 하지요. 그러나 진화론이 밝혀낸 생명체의 진화 과정은 기존의 설계 개념으로는 설명할 수 없다는 것이 무신론 과학자들의 주장입니다. 질서와 계획이라는 말이 설계를 대변한다면 진화는 매우 무작위적·우발적이기 때문이라는 것입니다. '방향도 없이 제멋대로 일어나는 과정이 어떻게 누군가의 계획과 설계일 수 있냐'는 것입니다.

그러나 하나님이 우연적 사건, 우발적 사건, 우리 눈에 무작위로 보이는 방식을 사용해서 창조할 능력이 없다고 제한할 수는 없습니다. 여러분 중에 누군가 복권에 당첨되었다고 가정합시다. 그 사건은 과학적으로 보면 무작위로 발생한 우연적·우발적 사건입니다. 당첨 가능한 수많은 번호 중에 자신의 번호가 우연히 들어맞은 것이지요. 하지만 우리는 궁극적으로, 하나님이 복권에 당첨되도록 계획하셨다고 믿습니다. 즉 하나님은 얼마든지 우연적이고 무작위적인 사건을 사용해서 일하실 수 있다고 믿는 것입니다. 구약에 나오는 제비뽑기를 통해 하나님의 뜻을 알려 주시는 사건들이 그 대표적인 예입니다. 하나님의 설계, 창조 계획을 우리가 생각하는 질서와 계획으로 제한하는 것은 신인동형설(anthropomorphism, 신에게 인간의 본질이나 속성이 있다고 보는 견해)의 전형적 오류라고 할 수 있습니다. 신을 우리의 경험과 한계 안에 가두어 버리는 오류를 범하게 되는 것입니다.

무신론자들이 내세우는 이 같은 게임의 규칙, 즉 자연적인 설명이 가능해지면 신의 자리가 없어지는 게임의 규칙에 우리는 절대 동의할 수 없습니다. 하지만 아쉽게도 창조과학자들은 오히려 무신론자들의 게임 규칙에 손을 들어 주는 듯합니다. 창조론자들 역시 인간의 기원이나 우주의 기원을 기적적인 창조 방식에 제한하고 있어서, 천문학의 대폭발 우주론이나 생물학의 진화론이 '우주와 인간이 어떻게 만들어졌는지'가 밝혀질수록 신의 자리를 빼앗기게 될까 두려워합니다. 대폭발 우주론과 진화론에 대한 반감이 거기서 비롯되는 것처럼 보입니다. 물론 창조론자들은 스스로를 갈등론자로 여기지 않고 오히려 상보론자로 여깁니다. 하지만 현대의 세속 학문은 타락했기 때문에 신앙과의 충돌이 생길 수밖에 없다고 주장합니다. 대폭발 우주론이나 진화론은 타락한 세속 학문이라는 것입니다.

둘째로 독립론에 대한 비판은 무엇입니까? 그것은 '과연 정말로 신앙과 과학은 독립적인가?' 하는 점입니다. 도킨스 같은 무신론 과학자들은 신이 인간의 삶에 관여한다면, 예를 들어 기도에 응답한다거나 죄를 사해 준다거나 한다면, '신도 과학의 탐구 대상'이라고 주장합니다. 그들은 신앙도 과학처럼 당연히 과학이 탐구해야 할 영역이기 때문에 '신앙과 과학은 서로 다른 차원의 논의이며 서로 독립적'이라는 독립론의 주장은 성립하지 않는다고 비판합니다.

그리고 더 나아가 그들은 신에 대한 아무런 과학적 증거가 없기 때문에 신앙은 무가치하다고 주장합니다. 물론 도킨스 같은 무신론 과학자들이 갖는 신 개념에는 문제가 있습니다. 자연 세계를 초월하는 신의 초월성에 대한 이해가 매우 부족하다고 말할 수 있습니다.

독립론에 대한 상보론의 비판은 신앙과 과학을 완전히 독립적으로 보는 것은 지나치다는 겁니다. 상보론자들은 신앙과 과학은 서로 유기적 관계에 있을 때에만, 즉 자연과 성경 두 책을 함께 볼 때에 제대로 된 신앙과 과학이 된다고 주장합니다. 결국 문제는 신앙과 과학이 독립적이냐 혹은 동반자 관계에 있냐를 판단할 때 '어느 수준에서 선을 그을 것인가?'입니다. 비록 신앙과 과학이 서로 다른 차원의 내용을 다룬다고 해도 궁극적인 의미에서는 전체 세계 — 신이 창조한 물리적 세계와 초월적 세계 — 를 이해하는 면에서 서로 상보적 관계에 있다는 점에 독립론자들도 충분히 동의할 수 있습니다.

셋째로 상보론에 대한 비판은 과학에 너무 의존한다는 것입니다.

과학은 절대 진리라기보다는 계속 변해 가는 속성이 있기 때문입니다. 오늘날 정설로 알려진 과학의 내용이 인간의 지식이 증가하면서 바뀔 수도 있다는 것입니다.

예를 들어, 약 백 년 뒤에 대폭발 우주론이 틀렸다는 것이 밝혀지고 우주는 시작된 것이 아니라 영원히 존재했다는 것이 정설로 자리 잡았다고 가정해 봅시다. 그렇다면 대폭발 우주론에 의존해서 신의 창조를 변증했던 논리는 큰 타격을 받게 됩니다. 독립론자들은 이런 면에서 상보론이 너무 과학에 의존한다고 비판합니다.

또한 신앙에는 결국 합리성이나 과학으로 담보할 수 없는 믿음이라는 요소가 매우 중요합니다. 결국 우리가 예수를 주와 그리스도로 받아들이는 데에는 결정적으로 이 믿음이라는 것이 작용하는 것입니다. 아는 것과 믿는 것은 다릅니다. 예수가 하나님의 아들이라는 것은 귀신들도 알고 두려워했다고 성경은 말합니다. 오늘날 많은 사람이 기독교의 복음을 잘 알고 있습니다. 그러나 그 지식이 예수를 주와 그리스도로 고백하도록 하는 믿음을 담보해 주지는 못합니다. 상보론자들은 이러한 믿음이라는 측면에 주목할 필요가 있습니다. '자연을 통해서는 결코 신에게 도달할 수 없다'는 자연신학의 한계를 분명히 인정해야 합니다.

물론 상보론자들 중에는 신앙을 변증하기 위해서 과학을 사용하기보다는 신앙을 가진 사람들에게는 과학이 매우 유용하다는 온건한 입장을 취하는 사람들도 많습니다. 그러니까 과학에서 출발해서 신앙에 도달하기는 어렵다 하더라도, 신앙에서 출발해서 보면 과학으로 발견되는 수많은 지식이 오히려 신앙에 도움이 된다는 것이지요. 대폭발 우주론의 예처럼 과학 지식이 성경과 조화를 이루면서 하나님이 창조한 전체 세계를 더 잘 이해할 수 있게 된다는 말입니다.

상보론의 입장에는 주로 크리스천 진화론자들이 속한다고 볼 수 있는데, 조금 극단적으로 말해 이들은 진화론에 의해서 인간이 어떻게 창조되었는지가 밝혀질 수 있다는 견해를 갖고 있습니다. 즉 과학 연구를 계속하면 인간이 어떻게 만들어졌는지를 분명하게 밝힐 수 있다는 낭만적 생각이 강하다고 볼 수 있습니다. 하지만 신이 인간을 창조했을 때는 창조론자들의 주장처럼 기적 같은 방식으로 창조했을 가능성도 분명히 있습니다. 그렇기 때문에 생물학이 아무리 발전해도 인간이 어떻게 기원했는지를 우리가 이해하지 못할 가능성이 있습니다. 과학이 기원 문제를 완전히 밝혀 줄 것이라는 일부 상보론자들의 견해에는 신이 우리가 이해할 수 있는 방식으로, 즉 과학적 방식으로 천지를 창조했다는 전제가 깔려 있다는 의미입니다.

물론 이 전제가 틀릴 수도 있습니다. 그렇다고 생물학 연구, 특히 진화론 연구를 하지 말라는 것은 아닙니다. 이 세계를 신이 창조한 것은 분명합니다. 기적적인 방식으로 했을지, 우리가 이해할 수 있는 방식으로 했을지에 대해서는 알 수 없지만, 과학적으로 계속 탐구해 봐야 합니다. 독립론자들은 갈등론이나 상보론으로 치우치지 말고 그저 열린 마음으로 과학을 하는 것이 중요하다고 지적합니다.

자, 위에서 살펴본 세 가지 견해는 모두 기독교적인 견해입니다. 이 견해들이 전부 유익한지에 관해서는 의견이 분분하지만 분명한 것은 이 견해들 모두가 신의 창조를 인정하는 유신론적 견해이고 성경이나 기독교의 전통에 크게 위배되지 않는다는 점입니다. 물론 크리스천 과학자들의 입장에서 보자면 갈등론에는 받아들이기 어려운 점이 있습니다.

자 여러분, 오늘 우리가 살펴본 세 가지 견해 중에 어느 견해를 선택할 것인지는 결국 여러분 스스로 해야 할 숙제입니다. 여러분에게는 그중에 한 견해를 선택할 자유가 있습니다. 하지만 각자가 한 견해를 선택한 후에 분명히 기억해야 할 점은 다른 기독교적 견해들이 있다는 것, 그리고 다른 의견을 가진 크리스천들을 존중해 주어야 한다는 것입니다.

특히 진화 이론을 받아들이는 많은 크리스천 생물학자는 창조과학자들로부터 '신앙에 물 타기'를 했다느니, 속으로는 무신론자이면서 겉으로만 크리스천인 척한다느니 라는 식의 험악한 공격을 받아 왔습니다. 이것은 분명히 잘못된 태도입니다. 비록 과학에 대한 견해는 다르더라도 우리 모두에게는 신의 창조와 신에 대한 믿음을 부정하는 무신론자들과의 진지하고 성실한 지적 대화를 통해 과학을 하나님의 것으로 돌려 드려야 하는 책임이 있습니다.

여러분 중에는 과학자도 있을 겁니다. 크리스천 과학자에게는 무신론자들이 자기들의 것이라고 주장하는 과학을 하나님의 것으로 되

비록 과학에 대한 견해는 다르더라도 우리 모두에게는
신의 창조와 신에 대한 믿음을 부정하는
무신론자들과의 진지하고 성실한 지적 대화를 통해
과학을 하나님의 것으로
돌려 드려야 하는 책임이 있습니다.

찾아야 할 사명이 있습니다. 한국창조과학회는 박사학위를 소지한 회원 수가 몇백 명에 달한다고 하는데, 그분들이 과연 지구의 나이가 만 년이라는 창조과학회의 주장에 동의해서 회원으로 있는 것인지 혹은 그 주장에 동의하지 않으면서도 회원으로 있는 것인지 저는 매우 궁금합니다. '과학이 틀렸다고 공격하는 방식을 넘어서 진정으로 어떻게 학문 세계에서 하나님 나라를 세울 것인지에 대한 진지한 고민과 연구가 진행되어야 하지 않는가' 하는 것이 저의 고민입니다. 오늘 강의를 들어주신 여러분께 감사드립니다.

열변으로 가득했던 한 교수의 강의는 그렇게 끝이 났다. 박 기자는 기독교적 견해들에 대해 생각하면서 과학과 화해할 수 있는 기독교적 견해가 존재한다는 사실에 머리가 무거워졌다. 그리고 그 견해가 어쩌면 기독교의 주장들, 즉 성경이나 기독교 세계관에 더 잘 맞을지도 모른다는 생각이 들었다. 그럼에도 그는 '그렇다면 이제껏 내가 들어 왔던 창조과학자들의 주장을 어떻게 이해해야 되나? 창조과학자들은 도대체 왜 진화론을 받아들일 수 없다고 주장하는 것일까?' 하는 궁금증이 여전히 들었다. 강연 후에 만난 한 교수는 그 문제에 대해 함께 이야기해 보자며 자신을 한 번 더 찾아오라고 제안했다.

핵심 주장

⟨과학과 신앙에 대한 세 가지 입장⟩

1. 갈등론

    과학과 신앙은 갈등 관계다.

2. 독립론

    과학과 신앙은 서로 다른 영역을 다룬다. 그러므로 각기 독립적이다.

3. 상보론

    과학과 신앙은 서로 상호보완 관계를 이룬다.

생각할 문제

1. 세 가지 견해 중 어느 것이 당신의 생각과 가장 가까운가?

2. 각각의 견해가 복음과 상치되는 면이 있다면 그 예를 들어 보라. 세 가지 입장이 모두 기독교적 견해라는 주장에 동의하는가?

3. 한 가지 입장을 선택한 당신은 다른 입장들에 대해 어떤 태도를 갖겠는가? 다른 입장과의 공존이 가능할지 한 번 생각해 보라.

4. 세 가지 견해에 대해 본문에서 다뤄지지 않은 또 다른 비판점이 있다면 들어 보라.

더 읽을거리

과학과 기독교의 관계는 전통적으로 이 책에서 제시한 세 가지 유형으로 나뉜다. 하지만 과학과 기독교의 상보적 관계의 정도에 따라 몇 가지 유형으로 더 세분화되기도 한다. 과학과 기독교의 관계에 관해 독자들에게 권할 책은 다음과 같다.

1. 리처드 칼슨, 「현대 과학과 기독교의 논쟁」(살림출판사).
   이 책은 창조론, 독립론, 조건적 일치, 동역관계 등 4가지로 과학과 기독교의 관계를 분류하고, 각 입장을 취하는 과학자들이 자신의 견해를 펼쳐 나간다. 그리고 각 입장의 마지막에는 다른 세 입장에 있는 저자들의 비판과 그에 대한 응답을 실었다. 저자들 대부분이 연구 활동을 하는 과학자들이라는 점이 특징이며, 그렇기 때문에 특히 과학자의 입장에서 보는 과학과 기독교의 관계에 대해 자세히 살펴볼 수 있다.

2. 존 데이비스, 하워드 반틸 외 편집, 「창조와 진화에 대한 세 가지 견해」(한국 IVP).
   제목 그대로 창조와 진화 논쟁에 대한 세 가지 '기독교적' 입장들을 잘 설명한 책이다. 창조과학의 주류인 '젊은 지구론'과 소수 그룹인 '오랜 지구론', 그리고 창조주가 우주를 창조할 때 창조계 안에서 모든 우주의 구성물들(은하, 별, 지구, 대륙에서 생명체에 이르기까지 모든 것들)을 만들어 낼 능력을 부여하셨다고 보는 '능력으로 충만한 창조론' — 이 관점에 비판적인 사람들은 이 관점을 '유신론적 진화론'이라고 부르고 이 관점을 가진 사람들은 자신들을 주로 '진화적 창조론'이라고 부른다 — 이렇게 세 가지 견해와 각각에 대한 찬반의 논평이 이어지는 책이다. 과학, 과학철학, 신학 등 여러 관점에서 창조-진화 논쟁을 점검해 볼 수 있다.

3. 그 밖에 읽어 볼 만한 책은 다음과 같다.
   - 이언 바버, 「과학이 종교를 만날 때」(김영사).
   - 존 호트, 「과학과 종교, 상생의 길을 걷다」(들녘).

7.
창조과학을
어떻게 볼 것인가?

지난번 한 교수의 강연 후 좀더 자세한 내용을 듣고 싶다면서 박 기자는 한 교수의 연구실을 찾았다. 자신이 주로 들어 왔던 입장은 과학과 신앙이 갈등 관계에 있다는 갈등론이었지만, 한 교수는 전혀 갈등론을 지지하지 않는 듯했다.

박 기자 교수님, 지난번 강연은 잘 들었습니다. 제게는 좀 신선한 충격이었습니다. 그럼에도 여러모로 혼란스럽기만 하네요. 지난번에 말씀드렸듯이 여전히 풀리지 않는 의문도 많고요. 창조과학의 입장을 기독교의 유일한 목소리로 알고 있는 사람들이 많은데, 한 교수님은 창조과학의 입장을 어떻게 보십니까?

한 교수 흠, 어려운 질문이군. 나는 창조과학자들을 한 하나님을 믿는 형제자매로 생각하네. 그리고 그들의 열심과 열정을 높이 평가해. 특히 기존의 학문 세계에서 기독교적 시각을 견지하려는 노력은 칭찬할 만한 동기라고 할 수 있지. 하지만 '과학이라는 학문 안에서 어떻게 기독교적 시각을 담을 것인가' 하는 이슈는 쉽지 않은 문제라네.

나는 창조과학자들의 시도에 대해서는 비판적이네. 과학과 기독교를 어설프게 섞어 놓으려는 잘못된 접근이라고나 할까.

박 기자 그렇게 생각하시는군요. 창조과학의 주장에 대해 자세히 설명해 주시기 전에 간단히 창조과학의 역사를 짚어 주셨으면 좋겠습니다.

한 교수 좋은 생각이네. 어떤 문제든지 그 역사를 살펴보는 것이 중요한 실마리가 되지. 창조과학은 창조론 운동의 한 형태라 볼 수 있네. 창조과학이라는 말을 풀어서 말하면 창조를 연구하는 과학이라고도 할 수 있고 신의 창조를 밝혀내는 과학이라고도 할 수 있지. 그런데 이 말은 진화 이론으로 대표되는 기존의 과학을 반대하는 표현이네. 창조과학자들은 기존의 과학이 무신론과 진화주의에 물들어서 신의 도움 없이 우연히 우주가 탄생했다고 주장한다고 보는 입장이야. 그래서 대부분의 과학이 타락했다고 정죄하지. 그래서 창조과학자들은 자연주의에 물든 기존의 과학을 대체할 새로운 과학을 세워야 한다는 입장이라고 할 수 있지. 그러나 이러한 시각은 근대로 오면서 신의 창조가 인과관계를 따르고, 과학으로 이해될 수 있는 자연적 방식으로 이루어졌다는 것을 깨닫게 된 신학적 흐름을 완전히 무시한 매우 극단적인 견해일세.

창조과학이라는 말은 1970년대부터 본격적으로 창조과학 운동을 이끌어 온 헨리 모리스가 처음 사용한 것으로 알려져 있네. 공학자였던 헨리 모리스는 크리스천 고등학교 교사들을 위해 1974년에 발행한 핸드북에 "과학적 창조론"(scientific creationism)이라는 제목을 붙였는데,

그후 이 책은 창조과학의 입장을 대변하는 대표적인 책이 되었지. 창조과학 운동은 헨리 모리스가 미국 캘리포니아 샌디에이고에 세운 창조과학연구소(Institute for Creation Research)를 통해 두드러지게 일어났어. 80년대 초에 이미 50권 이상의 책들이 발행되었고, 헨리 모리스의 책들은 한국어·중국어·체코어·네덜란드어·프랑스어·독일어·일본어 등으로 번역돼 퍼져 나갔으니까. 우리나라의 창조과학 운동도 헨리 모리스의 운동에 깊이 영향을 받았다고 할 수 있네.

박 기자 그러니까 창조과학의 역사가 그리 긴 것은 아니군요. 그렇다면 창조과학의 주장은 어떤 내용인가요?

한 교수 창조과학의 핵심 주장은 말 그대로 과학을 통해 창조가 입증된다는 거야. 즉 신이 인간과 우주를 창조했다는 창조론의 내용이 과학적 증거를 통해 뒷받침된다는 것이지. 그래서 다른 말로 '과학적 창조론'이라고 불리기도 하지. 이런 면은 전에 얘기한 설계 논증과 유사하고 지적설계 운동의 입장과도 일맥상통한다고 할 수 있어.

하지만 구체적인 내용을 살펴보면 창조과학은 과학이라고 할 수 없네. 과학계에서 인정할 수 있는 새로운 과학 방법론을 창조과학자들이 제시한 것도 아닌데다가, 오히려 창조과학의 대부인 헨리 모리스는 성경을 과학 교과서로 사용해야 한다고까지 주장했지. 창조과학이 담고 있는 과학이라고 할 만한 내용은 20세기 초부터 창조론 운동에 근간이 되어 온 홍수지질학(Flood Geology)이 유일하다고 할 수 있어. 홍수지질학이란 성경에 나오는 노아 홍수 사건을 가지고 지질 현상들을 설명하는 이론이야. 즉 전 지구적 홍수가 일어남으로써 지층과 화석이 한꺼번에 만들어졌다는 것이지. 그러니까 유명한 미국의 그랜드캐년이라든가 우리나라의 금강산도 모두 대홍수 때 한꺼번에 생겼다는 주장이야. 그러나 홍수지질학은 전혀 과학계의 인정을 받지 못했지. 이런 이유들 때문에 창조과학은 흔히 유사 과학으로 분류되곤 하네.

박 기자 그러니까 '창조과학은 과학이 아니다'라는 말씀이시군요. 그러면 창조과학자들이 하는 활동은 과학 활동이 아니란 말입니까?

한 교수 창조과학자들이 주로 취하는 방법은 과학이 틀렸음을 보이는 것이지. 진화 이론은 이런저런 이유로 한낱 이론에 불과하고 대폭발 우주론에는 심각한 문제가 있다는 식으로 과학을 공격하지. 즉 인간의 기원이나 현재 우주의 모습은 과학으로 설명해 낼 수 없다는 것이고, 그래서 그것은 신의 창조일 수밖에 없다는 식의 결론을 유도하는 거야. 하지만 지난번에 얘기한 것처럼 이런 전략은 상당한 문제가 있네. 과학은 과학대로 무신론자들에게 빼앗겨 버리는 것도 문제고, '틈새의 하나님'의 오류를 고스란히 떠안는 셈이 되기도 하거든.

박 기자 그럼 진화 이론이나 대폭발 우주론이 틀렸다고 주장하는 그들의 비판 수준은 어떻습니까?

한 교수 진화 이론이나 대폭발 우주론에 관한 창조과학자들의 전문성은 상당히 떨어지는 편이라고 봐야 해. 그들의 신앙과 상관없이 창조과학자들의 주장을 비판적으로 볼 필요가 있다는 말이네. 주류 과학계에 속한 크리스천 과학자들은 대부분 창조과학에 대해 비판적이라고 할 수 있어. 나 개인적으로는 '창조과학의 주장이 오히려 무신론 진화론자들의 입지를 더 든든히 해 주는 것 아닌가' 하는 우려를 갖고 있네. 창조과학자들이 분명히 선한 동기로 기독교를 변증하기 위해 열심히 노력하고 있긴 하지만 말이야. 그래서 창조과학회에 대한 내 개인적인 딜레마가 있지.

박 기자 창조과학자들이 오히려 무신론자들의 입지를 강화시켜 준다니 무슨 말씀인가요?

한 교수 창조과학자들이 신앙의 열정으로 기존의 과학을 비판하고 진화 이론과 대폭발 우주론이 틀렸다고 하면서 신의 창조를 얘기하지만, 그들은 오히려 신의 영역을 기적이라는 세계에 가두어 버리고 과학을 무신론자들에게 넘겨주는 셈이네. 더군다나 지구의 나이가 만 년밖에 되지 않았다는 비과학적인 주장을 하기 때문에 기독교인 전체를 비과학적이고 비합리적인 집단으로 만들어 버렸다네.

박 기자 그러면 창조과학자들은 모두 과학을 부정하는 입장이라고 할 수 있나요?

한 교수 창조과학(혹은 좁은 의미의 창조론)의 입장은 크게 두 가지로 나눌 수가 있어. 첫 번째는 창세기를 극단적으로, 즉 문자적으로 해석해 지구의 나이를 육천 년에서 만 년 정도로 보고, 창조가 일어난 기간도 창조 기사의 문자 표현 그대로인 6일로 보는 '젊은 지구론'인데, 이 입장이 주류라고 할 수 있지. 반면에 과학이 가르쳐 주는 대로 지구의 나이를 40-50억 년 정도로 그리고 우주의 나이를 140억 년 정도로 인정하지만, 생물학의 진화 이론만큼은 거부하는 '오랜 지구론'을 두 번째로 꼽을 수 있네. 최근의 정확한 통계는 보지 못했지만 역사적으로 보면 오랜 지구론이 창조과학계 내에서 소수에 불과했고 젊은 지구론이 주요 입장이었지. 그런 의미에서 젊은 지구론이 다수인 창조과학회 대부분의 사람들은 과학을 부정한다고 할 수 있지. 일단 과학에서 말하는 우주의 역사를 인정하지 않으니까 말이야. 반면 오랜 지구론은 젊은 지구론보다는 온건한 입장이라고 할 수 있네. 생물학의 진화 이론을 빼면 크게 과학과 부딪히지 않거든. 그러나 유독 생물학을 다른 과학과 다르게 취급하는 태도에 대해서는 일관성이 없다는 비판을 받기도 하지.

박 기자 그럼 우리나라 창조과학회는 어떻습니까?

한 교수 우리나라 창조과학회는 미국의 창조과학 운동을 그대로 수입했다고 볼 수 있지. 그러니까 젊은 지구론의 입장이 지난 몇십 년 동안 우리나라 창조과학회의 공식 입장이었다고 해도 과언이 아니야. 지금은 2세대 창조과학자들이 존재하는 것으로 알지만 여전히 젊은 지구론의 입장을 취한다고 할 수 있어. 최근에 오랜 지구론을 지지하는 견해를 표명한 분들이 있었는데, 창조과학회는 이들의 견해는 창조과학회의 공식 입장과 다르다는 것을 분명히 천명했지.

창조과학자들이 진화론을 받아들일 수 없는 이유

박 기자   그럼, 창조과학자들이 진화론을 받아들이지 않는 이유는 무엇입니까? 간단히 정리해 주시면 좋겠습니다.

한 교수   창조론자들은 일단 진화 이론을 무신론적 진화론과 같은 개념으로 취급하는 경향이 강하네. 그들이 진화론을 받아들일 수 없는 이유는 크게 두 가지야. 첫째는 진화론이 6일 동안 창조되었다는 성경의 창조 기사에 위배되기 때문이고, 둘째는 진화론 자체가 틀렸기 때문이라는 것이지. 진화론이 틀렸음을 알려 주는 많은 과학적 증거가 있는데도 많은 과학자들이 진화론을 옹호하는 것은 무신론적 세계관인 진화주의가 과학계 안에 독버섯처럼 퍼져 있기 때문이라고 주장하지. 자, 이 두 가지 논거를 자세히 살펴볼까?

창조과학자들의 문자적 성경 해석

우선 첫째 이유, 진화론이 성경에 위배된다는 주장은 결국 창세기 1, 2장을 어떻게 해석할 것인지에 달려 있어. 창세기 기사를 보면 하나님이 6일 동안 천지를 창조한 것처럼 표현되어 있는 것은 사실이네. 하지만 기독교 내에서, 특히 보수적이라고 할 수 있는 복음주의권 내에서도 창조 기사에 대한 해석은 다양한 스펙트럼을 갖는다네. 크게 세 가지로 나눠 볼 수 있어.

첫 번째는 문자적 해석이야. 말 그대로 창세기의 표현인 첫째 날,

둘째 날의 '날'을 24시간으로 해석하는 것이지. 그러니까 이 해석에 따르면 창세기 1장은 6일 동안의 창조를 기록하고 있다는 것이지. 그러나 창세기 1장을 자세히 읽어 보거나 1장과 2장을 비교해서 읽어 보면 여러 가지 모순이 있네. 다시 말해서, 창세기 1장의 창조 기사를 극단적으로 문자적 의미로 해석하면 여러 어려움이 있다는 말일세. 가령 하루 24시간을 어떻게 정의하겠나? 그것은 지구가 태양을 바라보면서 한 바퀴 자전하는 데 걸리는 시간일세. 태양이 있어서 밤이 되고 낮이 되는 것이지. 그러나 창세기 1장을 읽어 보면 태양은 넷째 날 창조된 것으로 기록되어 있네. 즉 태양이 만들어지기 전에 낮과 밤이 있었고 하루가 정의되었다는 말인데 매우 이해하기 어렵지.

두 번째 해석은, 창조 기사는 창조의 골격을 보여 준다는 골격 해석(framework interpretation)이야. 이 해석에 따르면 창세기 기사는 시간의 순서에 따라 연대별로 쓰인 것이 아니라 주제별로 배열되어 있다는 것이지. 창세기 1장은 시적(poetic) 구조를 갖는데 첫 번째 3일과 두 번째 3일로 크게 나누어 볼 수 있다네. 첫 번째 3일 동안에는 궁창이라든가 바다라든가 육지와 같이 골격들을 만들고, 두 번째 3일 동안에는 각각의 구조물에 들어갈 새나 물고기나 동물 같은 내용물을 창조한 것으로 배치해서 기록했다는 것이지. 창세기 기자는 창조와 안식이라는 주제를 전달하려고 한 것이지, 시간적 순서를 전달할 의도는 없었다고 보는 입장이야.

세 번째는, 창조 기사는 하나님이 어떻게 천지를 창조했는지를 보여 주는 책이 아니라 누가 천지를 창조했는지 보여 주기 위해 쓰였다는 점에서, 창조 기사를 비유적으로 해석하는 방식이네. 즉 고대 근동 지방에서 신으로 섬겼던 태양과 달과 별과 바다 같은 것들이 참 신인 여호와 하나님에 의해 창조된 피조물이라는 것을 보여 주는 것이 창조 기사의 주목적이었다는 것이야. 반면 '어느 것을 먼저 창조했는가'와 같은 시간적 순서라든지 또는 '어떤 방식으로 창조했는가'와 같은 창조의 방법을 보여 주는 것은 창조 기사의 주목적이 아니라는 말일세. 자네는 이 세 가지 해석 중에 어느 것이 맞다고 생각하나?

박 기자 글쎄요, 저는 더 이상 성경을 믿지 않기 때문에 잘 모르겠습니다.

한 교수 이보게, 안 믿는다고만 하지 말고 논리적으로 한 번 생각해 보게.

박 기자 음, 과학에 크게 관심이 없었던 고대에 창조의 시간적 순서를 염두에 두었을 것 같지는 않군요. 그렇지만 비유적으로 성경을 해석하면 어쩐지 성경의 신비함이 떨어지는 것도 같고, 아무튼 그렇습니다.

한 교수 하하하. 재밌는 답변이군. 이 세 가지 해석은 모두 복음적인 교회에서 받아들이는 해석이네. 각기 장단점이 있지. 하지만 복음적인 구약학자들의 주류가 문자적 해석을 주장한다고 보기는 어렵네. 오히려 골격 해석이나 비유적 해석에 무게가 실려 있지.

박 기자 성경이 이렇게 다르게 해석될 수 있다는 얘기는 처음 듣습니다. 이렇게 다양한 해석이 가능하다면 기독교의 교리를 통일성 있게 정리하는 것은 가능한 겁니까?

한 교수 성경은 맹목적 신앙을 가진 집단에게 내려진 주술적인 문서가 아니네. 성경은 하나님의 사람들이 하나님을 따르며 살아간 삶의 자취들이 녹녹히 담겨진 기록이지. 그리고 그중에 가장 큰 본보기는 자네도 잘 알다시피 스스로 인간이 되신 하나님, 즉 예수라는 분이지. 그래서 성경을 읽으면서 하나님의 뜻이 무엇인지 찾아가는 해석 작업은 상당히 흥미진진하고 역동적인 작업이라고 할 수 있네. 몇천 년 전에 다른 나라의 언어로 다른 문화권에서 쓰인 책이니, 성경 저자들이 원래 의미했던 바가 무엇인지를 해석하는 작업은 필수라고 할 수 있어. 하지만 자네가 말한 것처럼 해석이라는 작업이 간단한 것은 아니기 때문에 커다란 어려움을 주기도 하지.

성경 해석의 가장 큰 이슈는, 하나님의 계시인 성경이 인간의 언어로 쓰여 있다는 점이네. 하나님은 자신을 우리에게 이해시키기 위해 우리의 언어로 말씀하실 수밖에 없지 않았겠나. 마치 엄마가 아이의 언어로 아이에게 말하듯이 말이야. 문제는 하나님은 우리의 이해를 초월하는 존재이기 때문에 인간의 언어로 하나님을 기술하는 데에는 한계가 있다는 점이지. 이런 문제를 신인동형설이라 하는데, 결국 우리는 하나님을 우리의 모습에 비추어 이해할 수밖에 없다는 것이지.

시편 기자는 하나님이 손가락으로 하늘의 해와 달을 만들었다고 표현하는데 결국 우리는 우리 방식으로 하나님을 이해할 수밖에 없는 거야. 가령 시간의 제약을 받는 우리가 시간을 초월하는 신을 어떻게 우리의 언어로 기술하겠나? 시간을 초월한다는 개념 자체가 우리의 경험과 한계를 넘어서기 때문에 설명해 내기 어려운 것이지. 그래서 하나님의 예정과 인간의 자유의지가 모순되는 것처럼 보이는 것 아니겠나. 창조 문제에 있어서도 마찬가지네. 우주를 창조하신 하나님이 성경에 계시될 때 인간의 언어가 사용될 수밖에 없었고, 또 인간의 개념들이 사용될 수밖에 없었다는 데 문제가 있네. 마치 시계공이 시계를 만드는 것처럼 하나님이 묘사될 수밖에 없었다는 것이지.

하지만 하나님의 창조가 인간의 언어로 계시되었다고 해서, 하나님의 창조를 인간이 생각해 낼 수 있는 개념들로 제한해서는 안 되네. 이것이 우리가 가장 주의해야 할 점이네. 비록 우리가 이해하지 못한다고 해도, 하나님이 우주를 만드신 방법은 인간의 지적 수준을 넘어서는 하나님만의 어떤 방법일 수 있으니까.

박 기자 그렇군요. 그럼, 창세기 기사를 꼭 문자적으로 해석하지 않아도 된다면 창조과학자들이 문자적 해석에 집착하는 이유는 무엇입니까?

한 교수 그것은 적어도 창조론 운동의 태동과 관련이 있다고 생각하네. 하버드 대학 출판부에서 나온 로널드 넘버스의 「창조론자들」(The Creationists)이라는 책을 보면 창조론 운동의 역사가 잘 기술되어 있네. 넘버스의 연구에 의하면, 창조론자들의 문자적 성경 해석은 사실 안식일, 그러니까 토요일을 중요시했던 제칠일안식교의 극단적인 문자적 성경 해석의 전통에서 출발되었지.

하나님의 창조가 인간의 언어로 계시되었다고 해서
우리가 하나님의 창조를 우리가 생각해 낼 수 있는
개념들로 제한해서는 안 되네.

창조론 운동의 본격적인 시작을 이끈 사람은 20세기 전반부에 활동한 조지 맥크레디 프라이스(George McCready Price)로 볼 수 있어. 흔히 홍수지질학의 아버지라고 불리는 사람이지. 오랜 기간 동안 지표 작용에 의해 지층이 형성되었다는 당시의 지질학 이론을 받아들이지 않고, '성경에 나오는 노아의 홍수가 전 지구적으로 일어났을 때 온갖 지층 현상들이 만들어졌다'는 주장이 홍수지질학의 핵심이네. 말 그대로 지층과 화석 같은 지질학적 현상들이 전 지구적 홍수 때문에 단기간에 발생했다는 주장이야. 물론 프라이스는 전문적인 훈련을 받은 지질학자는 아니었고, 그의 홍수지질학은 당시 학계에서 여지없이 무시되었지.

그러면 프라이스가 홍수지질학을 들고나온 이유는 무엇이었을까? 그가 긴 지구의 역사를 받아들이지 않고 6천 년밖에 되지 않는 지구의 역사, 지층의 역사를 주장했던 이유 중의 하나는 아마도 그가 성경을 극단적으로 해석했기 때문인 것으로 보이네. 그는 안식일을 지키는 일을 매우 중요하게 여겼던 제칠일안식교에 속해 있었는데, 안식교에서는 창세기 1장의 6일을 문자적으로 해석하지 않는 다른 모든 견해를 악마적이라고 규정했지. 문자적 해석을 믿었던 그의 신앙이 당대의 지질학을 거부하게 했고, 그 대신 노아 홍수를 기반으로 한 홍수지질학을 들고 나온 것이지.

물론 창조론 운동이 진행되면서 프라이스가 속한 안식교의 색깔이 오히려 부정적인 영향을 미친다는 것을 깨달은 창조론자들은 차차 안식교의 색깔을 걸러 냈지. 하지만 안식교의 극단적인 문자주의와 홍수지질학, 그리고 지구의 역사가 만 년이라는 주장은 현재까지도 창조론 운동의 중심에 있네. 우리나라의 창조과학회를 포함해서 말이야. 물론 현재의 많은 창조론자가 안식교인이라는 뜻은 전혀 아닐세. 하지만 많은 창조론자, 창조과학자가 바람직하지 않은 문자주의에 매달리는 것은 홍수지질학의 바탕에 깔려 있는 극단적 문자주의에 기원을 두고 있어. 자유주의의 흐름에 대한 반동으로 일어난 근본주의의 테두리 안에 갇혀서 자신의 신념을 극단적으로 심화시키는 정서적 요소도 있는 것처럼 보이네.

박 기자 그럼, 창조과학회의 입장이 바뀔 가능성은 전혀 없습니까?

한 교수 글쎄, 창조과학회의 성경 해석이 조금 극단적이라는 것을 조심스럽게 지적할 필요가 있네. 성경 신학을 제대로 공부한다거나 구약학자들의 도움을 받아서 창세기 기사를 새롭게 볼 필요가 있겠지. 하지만 그렇다고 해도 많은 창조과학자는 문자적 해석을 고집할지도 모르겠네. 그들 중 다수는, 창세기의 문자적 해석을 양보하는 것은 결국 자유주의에 넘어가서 예수의 부활도 부인하게 되는 결과를 낳는다고 생각하는 것 같아. 심리적 요소가 강한 것이지. 내가 생각하기에는 과학을 너무 두려워하고 복음의 힘을 너무 과소평가하는 것 같네. 예수의 삶과 부활이 핵심인 기독교 신앙이 그리 쉽게 무너질 것은 아니거든.

진화론은 과학이 아니다?

박 기자 좋습니다. 진화론이 성경에 위배된다는 창조과학자들의 주장 자체는 잘 이해했습니다. 그럼 두 번째 주장에 대해 말씀해 주시지요.

한 교수 창조과학자들이 진화론을 받아들이지 않는 두 번째 이유는 진화론 자체가 과학이 아니라는 것이지. 하지만 이 주장은 설득력이 없네. 물론 진화주의는 과학이 아니네. 엄밀히 말해서 진화주의는 과학을 무신론적 세계관으로 해석한 것이지. 하지만 진화 이론 자체가 과학이 아니라는 주장에 대해서는 거의 대부분의 과학자들, 특히 크리스천 생물학자들을 포함한 과학자들은 동의하지 않네. 창조과학자들은 진화론이 과학적으로 틀린 이유들을 다양하게 제시하지만, 그런 주장들은 대부분 알맹이 없는 빈약한 주장들이네. 창조과학회에는 생물학이나 지질학, 천문학 분야에서 논문 심사가 이루어지는 국제적인 학술지에 논문을 내면서 학문 활동을 하는 사람이 거의 없는 것으로 알고 있네. 물론 창조과학회 회원들 중에는 박사학위를 가진 분들이 많지만, 대부분 자신의 전문 영역이 아닌 분야에서 진화론을 비판하고 있지. 최근에는 창조론자들 중에 학문적 신뢰도를 지닌 사람들이 생겨나기 시작했지만, 아직까지도 그 숫자는 극소수에 불과하다고 할 수 있네.

창조과학자들은 '제시하는 많은 증거는 1차 문헌을 제대로 다루지 않고 대부분 서로의 글을 재인용하며, 이미 과학적으로 틀린 구시대 내용들을 확인 없이 계속 사용한다'는 비판을 받고 있네. 내 전공이 천문학이니 천문학의 예를 들어 볼까? 창조과학자들은 천문학의 근간이 되는 대폭발 우주론을 부정하네. 왜냐하면 우주의 나이가 백억 년이 넘는다는 결론이 나오기 때문이고, 이런 결론은 젊은 지구론과는 모순이 되니 말일세. 그래서 그들은 대폭발 우주론이 과학적으로 문제가 있다고 주장하지. 하지만 천문학에 관련된 이런 주장들을 읽어 보면, 천문학의 개념을 잘못 이해했거나 몇 가지 지엽적인 현상을 확대해서 주장하는 경우가 대부분이야. 내 판단으로는 이런 주장들에 거의 동의할 수가 없네. 크리스천 생물학자들에게 물어보면 진화 이론이 틀렸다고 주장하는 창조과학자들의 주장도 같은 수준이라네. 한마디로 아마추어리즘에 불과하다고 할 수 있지.

문제는, 그렇기 때문에 이들이 제시하는 복음도 덩달아 싸구려 평가를 받는다는 데 있어. 과학이라는 날카로운 칼을 받아 내지 못하는 창조과학 때문에 기독교 신앙 자체도 마치 과학 앞에 비웃음을 사는 존재로 비쳐진다는 것이지. 이것이 바로 내가 몹시도 안타깝게 생각하는 부분이네.

박 기자 그럼 진화론에 대한 크리스천 과학자들의 평가는 어떻습니까?

한 교수 대부분의 크리스천 생물학자는 진화 이론이 과학으로서 문제가 없다고 생각하지. 진화 이론도 다른 많은 과학처럼 스스럼없이 받아들인다네. 가령, 인간 게놈(genome) 프로젝트의 책임자인 프랜시스 콜린스 같은 저명한 과학자도 그런 생각을 갖고 있지. 콜린스 박사는 무신론자였다가 의대 대학원을 다니면서 크리스천이 되었어. 그가 몇 해 전에 낸 「신의 언어」라는 책에는 진화가 바로 하나님이 생물들을 만드신 방식이라고 보는 그의 견해가 잘 나와 있네. 콜린스 박사는 판타지 소설 「나니아 연대기」(The Chronicles of Narnia, 시공주니어)나 「순전한 기독교」(Mere Christianity, 홍성사) 등으로 잘 알려진 크리스천 문학가 C. S. 루이스를 매우 좋아하는데, 자네에게도 콜린스 박사의 책을 권하고 싶군. 사실 책 자체는 전기적인 요소가 있어서 읽는 재미가 쏠쏠하지. 얘기가 다른 데로 빗나갔네만 콜린스 박사뿐 아니라 다른 많은 크리스천 생물학자의 예를 들 수도 있네. 반면에 나는 진화 이론이 과학이 아니라고 보는 크리스천 생물학자의 예를 별로 알지 못하네.

결국 진화론이 과학이 아니라는 창조과학자들의 두 번째 주장도 나는 동의할 수가 없네. 그러니까 진화론이 성경에 위배된다거나 과학이 아니라는 창조과학자들의 주장은 극단적인 견해라고 할 수밖에.

한 가지 더 창조과학에 대해 짚고 넘어갈 점이 있네. 그건 바로 창조과학자들이 과학을 부정하면서도 성경이 과학으로 입증될 수 있다는 식의 접근을 하는 것이네. 한편으로는 과학을 부정하면서도 다른 한편으로는 과학에 의존하려고 하는 이율배반적인 면이 있다고나 할까. 하지만 신의 창조가 과학으로 입증된다는 식의 주장에는 매우 위험한 요소가 있네. 자네도 예전에 경험했다시피 '결국 신앙은 과학적인 이해를 통해 만들어지는 게 아니라는 점이 간과되고 있는 것 아닌가' 하는 우려를 낳는 것이지. 뭐 이런 면은, 어떻게 보면 지적설계론자들의 입장과 비슷하네만.

오늘 만남에서도 박 기자와 한 교수는 긴 이야기를 나누었다. 한 교수는 약속이 있다며 자리에서 일어났다. 한 교수는 창조과학회를 날카롭게 비판했지만 한편으로는 창조과학회에 대해 깊은 연민과 고민을 품고 있는 듯 보였다. 무신론자들이 창조과학을 비판하는 것과는 뭔가 다른 면을 한 교수에게서 발견한 그는 한 교수의 고뇌가 점차 이해되는 것도 같았다. 그래서였을까? 박 기자는 진화론을 반대하는 주장들을 좀더 찾아봐야겠다는 생각을 하며 한 교수와의 다음 만남을 기약했다.

핵심 주장

1. 창조과학은 '과학적 증거들을 통해 하나님의 창조를 뒷받침하려는 노력'이라고 할 수 있다. 그러나 창조과학은 과학이라고 보기 어렵다.
2. 창조과학에는 지구의 나이가 만 년이라고 보는 '젊은 지구론'과 지구의 나이가 오래되었다고 보는 '오랜 지구론'의 입장이 있다. '젊은 지구론'은 생물학·지질학·천문학 등 대부분의 과학을 부정하는 입장이며, '오랜 지구론'은 다른 과학의 결과들은 인정하지만 진화 이론은 부정하는 입장이다.
3. 창조과학자들이 진화론을 받아들이지 않는 이유는, 진화론이 성경에 위배되며 과학이 아니라고 보기 때문이다.
4. 창조 기사의 해석에는 다양한 입장이 있으며, 젊은 지구론의 주장처럼 극단적 문자주의를 취해 지구의 나이를 만 년으로 주장하는 것은 올바른 성경 해석이 아니다.
5. '진화론은 과학이 아니다'라는 창조과학의 주장은 크리스천 생물학자들을 포함한 많은 과학자가 동의하지 않는 주장이다.

생각할 문제

1. 창조과학이 복음 전파에 득이 되는 면과 실이 되는 면은 무엇인지 생각해 보라.

2. 창조과학의 주장인 '진화 이론은 과학이 아니다'의 논거는 매우 약하다는 견해에 대해 동의하는가? 동의하지 않는다면 그 이유를 꼽아 보라.

더 읽을거리

1. 창조과학의 역사

창조과학 운동의 역사적 배경과 활동에 대해서는 로널드 넘버스의 책 「창조론자들」을 참고하라. 하버드 대학 출판부에서 나온 이 책은 창조론 역사의 교과서라고 할 수 있다. 2006년에 나온 개정판에서는 다윈 시대의 창조론에서 시작해 최근의 지적설계 운동에 이르기까지의 역사적 흐름을 찬찬히 살펴볼 수 있다. 특히 헨리 모리스의 창조과학 운동과 관련해서는 11장에서 15장까지의 내용을 참고하라.

아울러 미국 사회에서 복음주의 지성의 무책임함을 꾸짖는 마크 놀의 「복음주의 지성의 스캔들」(The Scandal of the Evangelical Mind, 한국 IVP)에는 창조과학이 일어난 배경과 함께 신랄한 비판이 담겨 있다. 특히 7장을 읽어 보라.

2. 창세기의 해석

'창세기의 창조 기간을 어떻게 해석할 것인가'에 대해서는 복음주의권 내에서도 다양한 견해가 있다. 찰스 험멜과 리처드 라이트 「과학과 성경, 갈등인가 화해인가?」(한국 IVP) 8장, 10장과 「신앙의 눈으로 본 생물학」(한국 IVP) 5장을 참조하라.

창세기의 해석 전반에 관해서는 구약학자인 트렘퍼 롱맨의 「어떻게 창세기를 읽을 것인가」(한국 IVP)를 추천한다. 그는 창조 기사에 관한 해석이 다양하다는 결론을 내린다.

창조 기사의 연대와 관련해 읽어 볼 만한 책으로는 '오랜 지구론자'이며 천문학을 전공한 신학자 휴 로스의 「날에 관한 문제」(A Matter of Days)가 있다. '젊은 지구론자'와 '오랜 지구론자' 사이의 갈등도 엿볼 수 있으며, 특히 창세기의 날(히브리어로 '욤')에 대한 성경 신학적 분석이 들어 있다.

3. 진화론은 과학이다

진화론을 반대하는 창조과학자들이 사용해 온 전략과 그 비판의 예로, 앞에서 언급한 로널드 넘버스의 「창조론자들」 13장을 읽어 보라. 진화 이론을 받아들이면서 동시에 기독교 신앙을 갖고 있는 크리스천 생물학자들의 저술로서 추천할 만한 책은 다음과 같다.

- 프랜시스 콜린스, 「신의 언어」(김영사).
- Darrel Folk, *Coming to Peace with Science*(InterVarsity Press, 2004).
- Miller, Kenneth R., *Finding Darwin's God*(HarperCollins, 2007).
- _____, *Perspective on an Evolving Creation*(Eerdmans, 2003).

8.
진화 이론, 제대로 알기

진화 이론에 대한 잘못된 반증들

<u>박 기자</u> 교수님, 제가 숙제를 조금 해 왔습니다. 진화론을 반대하는 웹사이트를 찾아봤는데 생각보다 많더군요. 거기에 올라온 글 중에서 궁금한 내용들이 있어 여쭤 보고 싶습니다. 과연 진화 이론이 과학적으로 탄탄한 것인지 저도 궁금해졌거든요. 교수님은 크리스천 생물학자들의 예를 들면서 진화론이 과학적으로 문제없다고 하셨지만 구체적인 질문들을 다루지는 않으셨습니다. 그 밖에도 하실 말씀이 많으시겠지만, 괜찮으시다면 먼저 제가 생각한 진화 이론의 대표적인 문제들에 대해 답변해 주셨으면 합니다.

<u>한 교수</u> 그거 좋은 생각이네. 내가 생물학 전공은 아니지만 알고 있는 한도에서 답변을 해 보도록 하지.

<u>박 기자</u> 우선, 종과 종 사이의 화석이 거의 발견되지 않았다는 반론에 대해서는 뭐라고 답하시렵니까? 진화론이 틀렸다고 주장하는 창조과학자들이 꼽는 주요한 논거 중 하나가 바로, 진화가 일어났다는

것을 증명할 종과 종 사이의 중간 단계에 해당하는 종이 현재 존재하지 않고, 그러한 종이 과거에 있었다는 것을 보여 주는 화석도 없다는 주장입니다. 예를 들면 고양이와 개의 중간에 해당하는 종이 없다는 것이죠. 이에 대해서 진화론자들은 무엇이라고 말합니까?

한 교수 자네 말대로 진화 이론을 반대하는 사람들은 중간 단계의 종이 없다는 점을 줄곧 강조하지. 침팬지에서 인간으로 진화했다면 침팬지와 인간 중간에 해당하는 종이 현재 존재하거나 혹은 과거에 존재했어야만 하는데, 실제로는 종과 종 사이의 중간 단계에 해당하는 종이나 화석이 전혀 없다는 것이 반진화론자의 주장이야. 고양이와 개의 중간 단계에 해당하는 종이라든가 사자, 치타, 고양이 사이에 해당되는 종이 없다는 것이지. 그러나 이런 주장은 몇 가지 오해에서 비롯됐네.

첫째로, 반진화론자는 종과 종 사이에 중간 단계가 있다는 것을 입증하라고 주장하지만, 이것은 진화라는 큰 그림을 오해한 결과일세. 진화는 말이 개로 진화하거나 침팬지에서 인간으로 진화되는 단선적인 그림이 아니거든. 진화를 종들이 한 줄로 진화해 나가는 것으로 이해하면 착각이란 말일세. 오히려 한 뿌리에서 다양한 선들이 뻗어 나가는 다선적인 그림이 진화에 더 맞는 모델이지. 생물학에서 말하는 진화의 핵심 개념은 공통 조상을 갖는다는 거야. 지금 현재 존재하는 종들은 결국 공통 조상에서 분화돼 진화되었다는 것이지. 그러니까 침팬지에서 인간으로 진화하는 것이 아니라, 침팬지와 인간의 이전 단계에 해당하는 종에서부터 각각 침팬지와 인간으로 진화되어 왔다는 뜻이 되네. 즉 현재 존재하는 개와 고양이의 중간 단계에 해당하는 종은 애초부터 존재하지 않는 것이지. 현재 존재하는 종들은 과거의 공통 조상에 해당되는 종에서 각각 진화해 온 것이니까 말이야.

둘째로, 만약 어떤 중간 단계의 공통 조상에서 현재의 종으로 분화되어 진화해 왔다면 그 중간 단계에 해당하는 화석이 존재하는지를 질문할 수 있지. 그 질문에 답하기에 앞서 일단 화석 기록 자체가 갖는 한계를 이해할 필요가 있네. 화석은 상당히 특별한 조건 하에서 이루어지는 일이야. 그래서 지난 5억 년의 기간 동안 존재했던 수많은 종들 중에서 화석으로 남아 있는 종들은 25만 종에 지나지 않네. 현존하는 종의 숫자만 해도 150만 종이나 되는 걸 생각하면, 화석 기록 자체가 매우 부분적인 생물의 역사를 보여 주는 것이지.

그럼, 종과 종의 중간 단계에 해당하는 화석은 어떨까? 빠르게 진화가 일어나는 단계에 있는 종들은 안정적인 단계에 있는 종들에 비해 화석으로 만들어질 가능성이 훨씬 적네. 진화가 빠르게 진행 중인 종들이 체계적으로 시간에 따라 화석으로 만들어져 보존되기는 매우 어려운 일이란 말일세. 그렇기 때문에 중간 단계에 해당하는 종들의 화석은 확률적으로 훨씬 적을 수밖에 없다고 생물학자들은 말하지.

셋째로, 그럼에도 불구하고 현존하는 종들의 중간 단계 조상에 해당하는 종들이 존재했다는 많은 화석 증거들이 있네. 특히 최근에 진화 고리를 연결하는 화석들이 많이 확보되었고 연결 고리마다 비어

생물학에서 말하는 진화의 핵심 개념은
공통 조상을 갖는다는 거야. 지금 현재 존재하는 종들은
결국 공통 조상에서 분화돼 진화되었다는 것이지.

있던 틈새들을 채우는 화석들이 계속 발견되고 있네. 물론 아직도 채워져야 할 연결 고리들이 남아 있지만 그건 생물학자들이 앞으로 계속 해야 할 몫이 아니겠나.

결론적으로 말해 생물학자들은 공통 조상이라는 큰 그림을 그리는 데 화석 기록이 상당히 든든한 증거를 제시한다고 보고 있지. 그러니까 중간 단계 종이 없다면서 진화 이론이 틀렸다는 주장은 설득력이 없다고 할 수 있네.

박 기자 그렇군요. 그러니까 생물학자들은 화석 기록이 진화론을 든든히 뒷받침하는 것으로 받아들이고 있다는 말씀이시군요. 좋습니다. 그렇다면 '열역학 제2법칙에 따르면 무질서도는 자연히 증가하는 것이기 때문에 진화를 통해 더 복잡한 생명체가 만들어질 수는 없다'는 반박에 대해서는 어떻게 생각하십니까?

한 교수 아, 그 유명한 열역학 제2법칙의 논리 말인가? 그것은 정말 설득력이 없는 논리야. 나도 창조과학자들 중에 안면이 있는 분들이 있는데, 그들에게 열역학 제2법칙을 들먹이는 일만은 제발 그만두라고 종종 충고하고 있지.

열역학은 물리학에서 공기라든가 물과 같이 분자들의 운동을 전체적으로 다룰 때 사용하는 학문이네. 그중 제2법칙은 '외부와 에너지를 주고받지 않는 어떤 시스템에 들어 있는 분자 덩어리들은 시간이 지날수록 점점 엔트로피라는 것이 증가한다'는 법칙이야. 이 엔트로피를 보통 '무질서도'라고 말하기도 하지. 열역학 제2법칙을 진화론을 반대하는 도구로 이용하는 논리는 바로 이런 것이네. '이 법칙에 의하면 무질서도는 항상 증가하게 되어 있다. 그러나 진화론은 덜 복잡한 생명체가 더 복잡한 생명체로 진화한다고 주장한다. 그러므로 무질서도가 오히려 감소하는 진화론의 주장은 무질서도가 증가한다는 열역학 제2법칙에 어긋나기에 진화는 일어날 수 없다'라는 논리지.

하지만 엔트로피라는 개념을 단순히 생명체가 더 복잡해지는 현상에 적용하는 것은 상당한 비약이야. 엔트로피는 어떤 시스템을 규정하는 온도나 열 같은 하나의 물리량이지. 가령 엔트로피가 증가한다는 것은 말일세. 커피를 식탁 위에 올려 두면 처음에는 방안의 온도와는 다르게 커피의 온도가 뜨겁지만 오랜 시간이 지나면 커피가 다 식어서 방안의 공기와 같은 온도를 갖게 되지. 이런 현상을 엔트로피가 증가한다, 혹은 무질서도가 증가한다고 말하는 것일세. 시간에 따라 엔트로피가 증가하는 것은 자연법칙이지. 그런데 이렇게 엔트로피가 증가한다는 자연법칙 때문에 생명체가 더 복잡한 형태로 진화할 수 없다고 주장하는 것은 설득력이 없네. 그런 주장을 하는 사람들은 생명체가 진화한다면 무질서도가 증가하는 것이 아니라 감소하는 것이 되니까 열역학 법칙에 위배된다고 말을 하지. 하지만 엔트로피를 단순하게 생명 현상에 적용할 수는 없어. 그들의 주장이 맞다면 단순한 세포에서 시작해서 태아가 만들어지는 일도 무질서가 증가하는 것이 아니라, 감소하는 셈이니까 열역학 제2법칙에 어긋난다고 해야 되지 않겠나. 엄마 뱃속에서 정자와 난자가 만나서 태아로 자라는 현상도 결코 일어나서는 안 되는 것이지. 열역학 제2법칙 때문에 이런 일이 일어날 수 없다고 주장하면 의사들은 뭐라고 할 것 같은가?

이 논거에서 가장 핵심 되는 문제는 엔트로피의 증가는 닫힌 시스템에서 일어난다는 점이네. 즉 외부에서 에너지를 공급하거나 빼앗지 않는 차단된 상태에서는 엔트로피가 증가한다는 말이지. 하지만 오히려 외부에서 에너지가 공급된다면 얼마든지 엔트로피가 떨어질 수 있는 것이지. 생명체가 더 복잡한 생명체로 진화하는 과정을 닫힌 시스템에서 일어나는 일로 볼 수는 없네. 생명체는 끊임없이 주변과 에너지를 주고받고 있으니까. 특히 태양 같은 에너지의 원천이 지속적으로 열을 공급해 주고 있으니 닫힌 시스템이라고 할 수 없지. 이런 면에서 열역학 제2법칙을 들어 진화가 불가능하다고 말하는 것은 전혀 설득력이 없네. 사실 열역학 제2법칙을 진화가 일어날 수 없다는 논증에 처음 사용한 사람은 영국의 화학자 로버트 클라크(Robert Clark)였지. 그는 진화가 일어나는 지구는 닫힌 시스템이 아니라는 것을 잘 알고 있었지만, 태양의 에너지가 공급된다고 해서 진화 같은 일은 일어날 수 없다고 생각했어. 그와 같은 논리를 바탕으로 쓴 논문을 '네이쳐'(Nature)지에 제출했지만 수학적이고 정량적인 논증이 약했기에 퇴짜를 맞았지. 어쨌거나 그의 논증은 후대의 창조과학자들이 진화를 공격하는 주요한 무기가 되었네. 자네가 질문한 것처럼 말이야. 아쉬운 점은 클라크라는 열역학 제2법칙을 적용할 때 생기는 다양한 과학적 이슈들을 신중하게 다룬 반면, 후대의 창조과학자들은 그런 신중함을 잃고

억지를 쓰는 경향이 있다는 것이야.

진화의 증거들

박 기자 좋습니다. 그럼, 진화 이론을 반대하는 반증들을 넘어서서 진화 이론의 강력한 증거를 들어 주실 수 있습니까?

한 교수 자네가 묻는 진화의 증거는 생물 진화의 증거를 말하는 것이겠지. 일단 생물학자들이 말하는 진화의 증거를 꼽자면, 첫 번째는 화석의 기록인데 그것은 이미 다루었고, 두 번째는 유전자의 유사성이네. 소위 진(gene)이라고 불리는 유전자에 대한 연구가 최근에 상당한 발전을 이루었다는 것은 자네도 알 걸세. 인간과 동물의 유전자 연구에 의하면 종과 종이 서로 가까울수록 유전자 구성이 매우 비슷하다는 것이 알려졌지. 예를 들어 인간의 유전자는 침팬지와 매우 비슷한데, 진화 과정상 거리가 먼 종일수록 유전자의 유사성이 점차적으로 적어지지. 다시 말해 공통 조상에서 중간 조상들을 거쳐 각각의 종이 분화되는 그림과 일치하는 유전자의 유사성이 발견된다는 뜻이네. 인간과 침팬지가 매우 유사한 유전자를 갖는다는 것은, 인간과 침팬지가 각각 과거에 같은 조상에서 진화해 왔다는 것을 보여 주는 것이지.

박 기자 하지만 그것은 단지 기능이 비슷하기 때문이라고 볼 수도 있지 않나요? 인간과 침팬지는 기능이 비슷하니까 유전자도 비슷하고, 인간과 개는 기능이 많이 다르니 그만큼 유전자도 다른 것이라고 생각할 수도 있지 않습니까?

한 교수 물론 그 말도 일리가 있네. 신이 동물과 인간을 창조할 때 유전자를 사용했는데, 인간과 침팬지는 구조와 기능이 상당히 비슷하니까 거의 같은 유전자를 사용했고 개의 경우는 상당히 다른 유전자를 사용했다는 주장이지. 소위 공통 조상이 아니라 공통 기능이라는 개념이야.

문제는 기능과 상관없는 유사 유전자(pseudo-gene)라는 고장 난 유전자도 공통적으로 발견된다는 점이야. 예를 들어 비타민 C는 동물들이 살아가기 위해 매우 중요한 영양소라는 걸 자네도 알걸세. 그런데 많은 동물들이 비타민을 만들어 낼 수 있는 유전자를 갖고 있는 반면, 침팬지의 경우에는 이 유전자가 고장이 나서 그 기능을 잃어버렸지. 이런 유전자를 유사 유전자라고 하네. 물론 침팬지는 과일을 많이 먹기 때문에 충분히 비타민 C를 섭취할 수 있어서 생존에 지장은 없어. 여기서 재밌는 사실은 인간도 침팬지와 동일하게 비타민 C를 만들지 못하는 유사 유전자를 갖고 있다는 점이야. 그러니까 인간과 침팬지의 공통 조상에 해당되는 어떤 종에게 비타민 C를 만드는 유전자의 변이가 일어나서 그 기능을 상실했고, 그 종으로부터 각각 인간과 침팬지가 진화되어 왔다고 볼 수 있네. 유전자가 같은 이유가 공통 조상 때문이 아니라 공통 기능 때문이라고 주장한다면, 침팬지와 인간이 똑같이 고장 난 유전자를 갖는다는 사실은 설명되지 않는다는 말일세.

그러니까 인간과 동물 유전자의 유사성은 진화 이론의 강력한 증거라 할 수 있네. 지난번에 말한 인간 게놈 연구 책임자이면서 크리스천인 프란시스 콜린스 박사는 자신의 책 「하나님의 언어」에서, 유전자를 연구하다 보면 인간은 다른 동물들과 공통 조상을 갖는다는 사실을 피할 수 없다고 결론 내리고 있지. 진화의 과학적 증거에 대해서는 더 논할 수도 있겠지만 자네에겐 이 정도로도 충분하지 않을까 생각하네. 자네는 철저한 과학주의자 같더니만 진화 이론에 대한 찬반 양쪽의 목소리를 다 들어 보는군. 생각보다 무척 건전하구먼. 허허허.

박 기자 그러니까 결국 교수님은 진화에 대한 과학적 증거가 충분하다고 생각하시는군요.

한 교수 생물 진화 이론은 과학적으로 크게 문제가 없다고 생각하네. 물론 아직도 과학자들이 밝혀내야 할 많은 빈틈들이 있는 건 사실이네. 자연선택이라든가 유전자 변이라든가 적응이라든가, 종에서 종으로 진화하는 기작들을 설명하는 다양한 과학적 시도들이 있지만 아직도 충분하지 못하다고 판단하는 과학자들도 있지. 그러나 그렇다고 해서 공통 조상으로부터 다양한 종들이 진화해 왔다고 하는 진화 이론이 그저 하나의 가설에 불과하다는 말은 아닐세. 자네는 정자와 난자가 만난 단세포에서 시작해서 매우 복잡한 생명체가 만들어지는 과정에 대해 어떻게 생각하나? 엄마 뱃속에서 아홉 달 동안 아기가 만들어지는 과정을 완벽하게 다 이해하지 못한다고 해서 생명체가 생물학적인 인과관계에 의해 태어난다는 과학적 설명이 틀렸다고 생각하나? 혹은 임신 기간 중에 신이 개입해서 아기를 자라게 한다고 생각하나? 그렇지 않네. 과학은 완벽하지 않지만 자연현상을 어느 정도 체계적으로 설명하고 있지.

과학은 수학이 아닐세. 수학처럼 말끔하게 증명되는 것이 과학이 아니란 말일세. 과학적 증거가 얼마나 엄밀한가는 분명히 따져 봐야 하는 문제일세. 진화 이론이 얼마나 과학적으로 엄밀하게 종의 기원을 설명하는지 계속 비판적 질문을 던져야 하네. 그러나 다시 말하지만 그건 과학자들이 전문적으로 하는 일이 아닌가?

박 기자 그럼 무신론 진화론자들의 주장 중에 과학에 관련된 부분은 옳다는 말씀이신가요?

한 교수 그중 일부만이 옳다고 해야겠지. 왜냐하면 무신론 진화론자들이 주장하는 진화론은 우주 진화나 생물 진화를 넘어설 때가 많거든. 진화론이라고 할 때 생물 진화뿐 아니라 우주의 기원에서 시작해서 인간의 기원까지 전체를 포함하는 경우가 많다는 얘길세.

가령, 우주는 스스로 우연히 시작되어서 진화해 오다가 은하와 별들이 만들어지고, 그중에 태양과 지구도 만들어지고 지구에서는 우연히 생명체가 만들어지고, 그 생명체로부터 더 복잡한 생물들이 만들어지다가 인간까지 진화되었다는 큰 그림을 진화론이라고도 하지. 이런 종합적인 이론에는 생물 진화뿐 아니라 우주 진화, 은하 진화, 지구 진화가 포함되지. 그리고 더 나아가 우주의 기원, 생명체의 기원, 인간 의식의 기원까지도 포함되어 있지. 무신론자들은 이 큰 그림이 과학적으로 입증되었다고 주장하고 있어. 물론 각 단계의 과학 이론은 잘 연구되어 있네. 대폭발 우주론이라든가 생물 진화론들은 과학적 증거들을 잘 갖추고 있기도 하고.

하지만 과학은 우주의 기원이나 생명체의 기원 자체에 대해서는 아직 아무것도 말해 주지 못하고 있지. 우주가 어떻게 시작됐는지, 그리고 생명체가 처음 어떻게 만들어졌는지에 대해서 충분한 증거를 갖는 과학 이론이 별로 없다는 말이야. 대폭발 우주론은 일단 우주가 시작된 이후에 어떻게 변화해 왔는지를 잘 보여 주는 과학 이론이지만, 우주가 어떻게 시작되었는지에 대해서는 별로 다루지 못하고 있지. 생물 진화론도 마찬가지일세. 일단 생명체가 시작된 이후에 어떻게 진화되어 왔는지는 잘 설명하지만 생명체의 기원 자체는 다루지 못하고 있거든.

박 기자 그럼 대폭발 우주론이나 생물 진화론은 과학적으로 문제가 없지만 우주의 기원이나 생명체의 기원은 아직 과학이 다루지 못한다는 말씀이신가요?

한 교수 그렇지. 인간의 기원도 마찬가지라네. 인간이 더 단순한 생명체에서 진화해 왔다는 것은 과학적으로 충분히 뒷받침되지만, 동물과는 다른 인간의 특성들을 과학이 다 설명해 주지는 못한다는 말일세. 동물과 달리 인간은 고도의 지성을 갖고 있지. 인간의 의식이 어떻게 기원했는지에 대해서는 과학이 아직 답을 못해 준다고 생각하네. 물론 뇌 과학이나 진화 심리학을 비롯해 많은 시도들이 있기는 하지만 말일세.

박 기자 하지만 언젠가는 과학이 우주의 기원이나 생명체의 기원, 그리고 인간 의식의 기원까지도 다 밝혀낼 수 있지 않을까요?

한 교수 물론 그럴 수도 있겠지. 하지만 그렇다 하더라도 크게 문제 될 것은 없어. 왜냐하면 하나님께서 과학이 밝혀낸 대로 그렇게 창조하신 것일 테니까. 그렇게 된다면 우주와 인간의 기원을 설명하는 똑같은 이론을 가지고, 무신론자들은 '신이 창조한 것이 아니다'라고 주장할 테고 유신론자들은 '신이 창조한 것이다'라고 주장하겠지.

박 기자 그러면 유신론이 더 설득력 있는 것이 전혀 아니지 않습니까?

한 교수 물론 그렇지. 하지만 무신론이 더 설득력 있는 것도 전혀 아니지 않나. 결국 과학은 유신론이나 무신론 중 어느 것도 지지하지 않는다는 얘기가 되는 셈일세. 하지만 유신론 신앙을 뒷받침하는 다른 차원의 증거들이 있지 않나. 예수에 대한 역사적 기록이 있고 2천 년을 내려오는 교회사가 있으며 현재 예수를 따르는 많은 사람들의 고백과 삶이 좋은 증거가 되지. 과학은 중립적이지만 다른 차원을 보기 시작하면 유신론이 훨씬 더 합리적이라는 것이 내 생각일세. 알리스터 맥그래스라는 신학자도 동일한 얘기를 한 적이 있지. 전에도 말했듯, 맥그래스는 옥스퍼드 대학에서 생물학으로 박사학위를 받은 뒤에 신학으로 전공을 옮긴 독특한 배경을 갖고 있네. 그의 책 「도킨스의 신」이나 「도킨스의 망상」을 보면 진화론을 제대로 아는 신학자의 제대로 된 비판이 담겨 있지.

박 기자 그렇다면 한 교수님은 과학이 모든 기원 문제를 다 밝혀낼 수는 없다는 입장을 갖고 계신 건가요?

한 교수 글쎄. 그 문제는 좀더 생각해 봐야 할 것 같네. 나는 과학이 생명체의 기원이나 인간 의식의 기원을 밝혀낼 수 있을지 의문이네. 더군다나 우주가 어떻게 시작하게 됐는지 과학으로 밝혀내는 문제는 상당히 어려울 거라는 생각이 들어. 물리학 분야에서는 20세기 들어서 양자역학의 등장으로 낭만적인 고전 물리학이 깨지면서 인간의 과학적 지식에 한계가 있음을 배웠지. 생물학에서도 앞으로 비슷한 반성이 일어날 수 있다고 생각하네. 생명체든 우주든 기원 문제는, 결국 과학이 밝혀내지 못할 빈틈으로 남아 있게 될 가능성이 크네. 그러나 과학이 어디까지 밝혀 낼 수 있을지 미리 예측하는 것은 어리석은 태도 아니겠나. 사실 이 문제는 창조 세계가 어떤 성격을 갖고 있는가와 관련된 문제이기도 하네. 신이 창조한 창조 세계는 인간의 지성으로 그러니까 과학을 통해 완벽히 이해할 수 있는 세계인가, 아니면 창조 세계에는 인간의 지성으로 풀 수 없는 근원적인 한계가 담겨 있는가라는 질문이지.

그러나 '과학이 모든 기원 문제를
다 밝혀낼 수 있을까' 하는 질문은
좀더 생각해 봐야 해. 나는 과학이 생명체의 기원이나
인간 의식의 기원을 밝혀낼 수 있을지 의문이네.

핵심 주장

〈진화 이론에 대한 잘못된 반증, 두 가지〉
1. 중간 단계에 해당하는 종의 화석이 존재하지 않으므로 진화론은 거짓이다.

    이 주장은 진화가 공통 조상에서 다선적으로 이루어졌다는 개념과 화석이 만들어지는 조건, 진화의 속도에 대한 이해의 부족에서 비롯된다. 최근 십여 년간 중간 단계에 해당하는 많은 화석들이 발견되었고 생물학자들은 중간 단계의 화석이 진화론의 주요한 증거라고 여긴다.
2. 창조과학자들은 진화 이론이 열역학 제2법칙에 위배되기 때문에 거짓이라고 주장한다.

    단순한 생명체에서 복잡한 생명체로 진화가 일어난다는 진화론이 '무질서도는 항상 증가한다'는 열역학 제2법칙에 위배되기 때문에 문제가 있다는 비판은, 닫힌 시스템의 물리량을 열린 시스템에서 일어나는 생물의 진화 현상에 잘못 적용한 것으로 설득력이 없다.

보충 설명

생물학자들은 유전자의 유사성을 진화의 강력한 증거로 여긴다. 특히 고장 난 유전자인 '유사 유전자'를 침팬지와 인간이 함께 갖고 있다는 사실은 침팬지와 인간이 공통 조상에서 각각 진화했다는 것을 보여 준다.

생각할 문제

1. 진화론에 대해 제대로 공부해 본 적이 있는가? 진화론에 대한 크리스천들의 편견은 창조과학자들의 잘못된 비판 때문이라는 주장에 동의하는가?

2. 이 장에서 다루지 않은 반진화론자들의 진화를 반증하는 주장들을 살펴보고, 아울러 그에 대한 진화론자들의 답변을 찾아보라. 각각의 항목에 대해 어느 쪽이 더 설득력이 있는지 함께 토론해 보라.

더 읽을거리

1. 진화 이론에 대한 과학적 증거들

   흔히 기독교계에 알려진 진화 이론은 대부분 왜곡된 것들이 많은데 그것은 주로 창조과학회를 통해 전달되는 정보가 주를 이루기 때문이다. 하지만 창조과학회에서 사용하는 내용들은 진화 이론의 최근 결과들과는 동떨어진 내용들이 대부분이다. 본문에서는 중간 단계의 화석이 부재하다는 창조과학자들의 주장과 열역학 제2법칙에 근거한 주장의 문제점을 다루었지만, 진화 이론을 반증하는 더 많은 논증들이 존재한다. 본문에서 다루지 못한 주제들에 대해서는 더 깊은 공부가 필요하리라 본다. 종과 종의 중간 단계 화석에 관한 훌륭한 논문으로는 다음의 책을 참조하라.

   - Keith B. Miller, "Common Descent, Transitional Forms, and the Fossil Record" *Perspectives on Evolving Creation*(Eerdmans, 2003).

이보다 쉬운 과학 대중서 수준의 글로 최근의 진화 이론의 결과들을 잘 다루고 있는 책으로는 다음의 책들을 추천한다.

- 데보라 하스마, 로렌 하스마, 「오리진」(한국 IVP).
- 프랜시스 콜린스, 「신의 언어」(김영사).
- Darrel Falk, *Coming to Peace with Science*(InterVarsity Press, 2004).

진화 이론에 대한 잘못된 오해들에 관해서는 웹사이트 www.talkorigins.org에서 좋은 정보를 구할 수 있다. 이 사이트에서는 흔히 진화 이론을 공격하는 반증들의 오류가 무엇인지 배울 수 있다.

2. 진화 이론과 관련된 신학적 문제들

본문에서는 주로 진화 이론을 반대하는 반증들에 대해서 다루었다. 그러나 진화 이론을 받아들여서 신이 진화 과정을 통해 인간과 생명체를 창조했다고 할 때 발생하는 신학적 문제들은 다루지 않았다. 예를 들어 창세기에 등장하는 아담과 하와는 실존 인물로 봐야 하는지, 혹은 아담의 원죄는 어떻게 이해해야 하는지, 아담 이전에 죽음의 문제는 어떻게 받아들여야 하는지 등 다양한 질문들이 있을 수 있다.

이러한 문제들은 단지 진화 이론을 받아들인다고 해서 더 악화되는 것은 아니다. 진화 이론을 받아들이지 않고 문자적으로 성경을 해석했을 때에도 여전히 많은 문제들이 제기되기 때문이다. 가령, 가인은 아벨을 죽인 후 누구와 결혼했으며 누구에게 죽임을 당할까 두려워했는지와 같은 문제가 바로 그것이다. 이에 대해서는 최근에 출판된 데보라 하스마·로렌 하스마의 「오리진」이 좋은 입문서가 될 것이다(특히 11, 12장).

- 존 호트, 「신과 진화에 관한 101가지 질문」(지성사).

- 피터 엔즈, 「아담의 진화」(CLC).
- 매튜 배럿 편집. 「아담의 역사성 논쟁」(새물결플러스).

진화 이론을 받아들이는 경우에 발생하는 신학적 도전들에 대해서는 존 호트의 책을 참고하라.

- 존 호트, 「다윈 이후의 하느님」(한국기독교연구소).

9.
지적설계 비판

박 기자 그렇다면 다원주의에 대한 새로운 도전이라든지 창조과학의 새로운 얼굴이라는 식으로 대중매체에 등장하는 지적설계의 입장은 어떤 것입니까? 지적설계 운동을 이끄는 필립 존슨 같은 사람은 자신이 문자주의자는 아니라고 하면서 창조과학과는 거리를 두는 것 같던데요.

지적설계 운동의 배경

한 교수 안 그래도 그 질문이 나올 줄 알았네. 요즘 신앙과 과학 분야에서 주요 이슈로 등장한 것이 바로 지적설계라는 견해야. 자네 말처럼 이 견해는 창조과학과 약간 거리가 있네. 하지만 앞서 말했던 '과학과 신앙의 관계에 대한 세 가지 틀'로 본다면 분명 갈등론에 속한다고 볼 수 있지. 그 이유는 지적설계 역시 과학 이론으로서의 진화론을 부정하기 때문이야. 반면에 그들은 천문학 같은 다른 학문들을 폭넓게 받아들이고 오히려 적극적으로 지적설계의 증거로 사용하기도 하는데, 그런 면에서 보면 통합론에 가깝다고 할 수도 있겠구먼. 성경 해석에 관해서도 비교적 열린 태도를 취하고 있는데 진화론 자체도 성경 해석에 위배되는 것은 아니라고 봐. 그러니까 신이 진화라는 방식을 써서 생물들을 창조했을 가능성 자체는 인정하는 셈이지.

지적설계 운동의 주요 인물인 리하이 대학의 마이클 베히가, 진화론의 근간이 되는 '생물의 공통 조상'이라는 개념 자체를 의심할 이유가 없다고 한 것이 대표적인 예야. 반면 이들이 진화론을 반대하는 이유는 진화론이 과학적으로 충분히 뒷받침되지 못하고 자연주의 세계관에 의해 전제된다고 보기 때문이야. 자연주의 세계관에 대해서는 긴 얘기가 필요하니까, 나중에 다루기로 하세.

한마디로 지적설계 운동은 전통적인 설계 논증을 현대 과학을 통해 부활시키려는 시도라고 볼 수 있네. 그러니까 주목적은 지적인 존재에 의해 설계되었음이 분명한 증거들을 찾고, 그것을 통해 역으로 지적 설계자의 존재를 추론하는 것일세.

박 기자 그럼, 지적설계론자들의 주장은 설계 논증의 연장선상에 있는 건가요?

한 교수 그렇지. 차이점이 있다면 전통적인 설계 논증이 철학적·형이상학적 논증에 불과했던 반면, 지적설계 운동은 과학에 기초해서 설계 논증을 시도한다는 점이네. 지적설계의 대표 논객인 윌리엄 뎀스키는 기존의 설계 논증들에는 의심의 여지가 있었지만, 지적설계 운동에서 제시하는 설계 논증은 그와 다르다고 주장하지. 그 이유는 지적설계 운동에서 제시하는 설계 논증은 확률 이론, 컴퓨터 과학, 정보 개념, 분자생물학, 과학 철학 등과 같은 현대 학문에 기초하기 때문이라는 것이지.

박 기자 그래서 지적설계 운동을 과학 프로그램이라고 하는 것이군요.

한 교수 그래. 하지만 그들의 주장처럼 과연 지적설계론자들이 제시하는 논증들이 과거의 설계 논증과 차별성을 갖는지에 대해서는 의견이 분분하네.

박 기자 그럼 기존의 창조과학회와 다른 차원의 지적설계 운동이 일어나게 된 특별한 이유가 있습니까?

한 교수 여러 가지 역사적 배경을 꼽아 볼 수 있을 거야. 우선 법정 논쟁에서 창조과학계가 패소함으로써 내부적인 위기 의식과 반성이 일어난 것을 꼽을 수 있지. 창조과학자들은 70, 80년대에 공립 학교에서 창조과학을 가르치도록 허용하는 법안을 통과시키려고 애썼다네. 미국의 20개 이상의 주에서 이런 법안이 제안되었는데 그중 알칸사스와 루이지애나 주에서만 통과되었지. 하지만 알칸사스와 루이지애나의 법안은 1982년과 1987년에 각각 연방법원과 대법원을 통해 무효가 되었지. 이렇게 창조과학을 학교에서 직접 가르치는 것이 금지되면서 창조과학계는 커다란 타격을 입게 된 거야.

그것이 계기가 되었는지 새로운 대안을 찾는 흐름이 일어났어. 창조과학계의 대부인 헨리 모리스가 중심이 된 창조과학연구소의 젊은 지구론의 관점과 진화론을 인정하는 주류 과학계의 관점 모두를 거

한마디로 지적설계 운동은 전통적인 설계 논증을 현대 과학을 통해 부활시키려는 시도라고 볼 수 있네. 그러니까 주목적은 지적인 존재에 의해 설계되었음이 분명한 증거들을 찾고, 그것을 통해 역으로 지적 설계자의 존재를 추론하는 것일세.

부하는 입장이야. 산타바바라에 위치한 캘리포니아 대학교에 세워진 '기원연구학생회'(Students for Origins Research)가 바로 그것이었지. 이들은 성경의 권위 앞에 모든 과학적 증거들을 상대화시켜 대화를 불가능하게 했던 창조과학연구소의 입장에 반대하면서 논쟁보다는 대화를 장려하는 새로운 창조론 운동의 흐름을 열었어. 이 단체는 '기원연구'라는 포럼을 구성해서 과학계로부터 신뢰를 회복하려고 노력했고 결국 지적설계 운동의 모체가 되었다네.

그동안 창조과학계 내부에도 젊은 지구론과 오랜 지구론 등 다양한 입장 간의 갈등이 있었는데 더구나 법정 소송에서의 패소라는 외부적 압박까지 가해지자, 창조과학계는 더 통일된 목소리를 필요로 하게 되었던 거야. 이런 필요는 '창조 기간'이라든지 '지구의 연령'에 대한 세부적인 입장 차이를 넘어서서 진화론을 반대하는 반진화의 커다란 깃발 아래 창조론자들을 연합하는 계기가 되었지.

이러한 배경하에 버클리 소재 캘리포니아 대학의 법학 교수인 필립 존슨은 90년대 초에 기원연구학생회에 가담해 주도적 역할을 했는데, 생물학의 진화론을 넘어서 학문 전반의 유물론이라는 더 큰 핵심 이슈를 공격하는 목표를 세웠어. 특히 그의 책 「심판대의 다윈」(*Darwin on Trial*, 까치글방)은 다윈주의는 결국 유물론이라는 공격적인 주제를 담았고, 그의 두 번째 책 「위기에 처한 이성」(*Reason in the Balance*, 한국IVP)은 학문 세계 전체를 자연주의 철학에 의해 물든 것으로 비판하고 있지.

이렇게 시작된 새로운 흐름은 1996년의 순전한창조(Mere Creation)

라는 학회를 통해 한층 강화된 것으로 평가되네. 여기에 모인 많은 창조론자는 창조의 방식에 대한 서로의 이해는 달라도, 자연 세계가 창조주에 의해 창조되었다는 커다란 우산 아래 공동 전선을 형성하기 시작했어. 이것이 지적설계 운동의 본격적인 시작이라고 할 수 있을 거야.

지적설계론의 논증과 비판

박 기자 그렇군요. 창조과학계의 위기 의식에서 새롭게 시작된 운동이 지적설계 운동이라고 할 수 있군요. 그렇다면 지적설계론자들의 핵심 주장은 무엇입니까?

한 교수 자네, 어떤 사물이 자연적으로 만들어졌는지 혹은 인위적으로 만들어졌는지 어떻게 구분하나?

박 기자 그거야, 사람이 만든 작품들은 특징이 있지 않습니까? 경험상 알 수 있는 것 아닙니까?

한 교수 그래. 우리가 구름을 볼 때는 그 모양이 아무리 복잡해도 자연적으로 생성된 거라고 결론을 내리지. 하지만 하늘에 '사랑해'라는 말이 써 있다면 어떻겠나? 그것은 누군가 의도적으로 만든 거라고 생각할 거야. 왜냐하면 우리의 경험상 언어와 같은 복잡한 구조가 자연적으로 만들어질 수는 없다고 생각하니까. 인간의 경험에 비추어 어떤 지성적인 존재가 만든 것이 분명한 대상들이 존재하는 것처럼, 자연계 내에도 자연적인 원인에 의해서가 아니라 지성의 작업임이 분명한 현상들이 있다는 것이 지적설계의 가장 기본 되는 주장이네.

박 기자 그것은 전에 말씀하신 것처럼, 길을 가다가 시계를 주웠을 때 시계를 만든 사람이 어딘가에 반드시 있을 거라고 유추하는 것과 같은 논리인가요?

한 교수 그렇지. 결국은 윌리엄 페일리의 설계 논증과 궤를 같이하지. 하지만 지적설계 논증은 시계공을 유추하는 과정에서 현대 학문의 결과들을 사용하는 과학 프로그램이라는 것이 그들의 주장이네. 가령 마이클 베히는 그의 책 「다윈의 블랙박스」(*Darwin's Black Box*, 풀빛)에서 '환원불가능한 복잡성'(irreducible complexity)이라는 개념을 제시했어. 환원불가능한 복잡성이라는 것은 복잡한 어떤 시스템을 하나하나의 개체로 분리해 내면 각각의 개체는 아무런 역할도 하지 못한다는 의미를 담고 있지.

여기 쥐덫이 있다고 해 보지. 그런데 마이클 베히는 쥐덫에서 스프링이라든가 못이라든가 한 가지 요소를 빼면 쥐덫의 기능이 상실된다는 거야. 이처럼 생물의 세포 수준에서 보이는 복잡성들은 그 전체로서만 기능이 있다는 주장이지. 그러니까 가령 스프링이 하나 빠진 덜 복잡한 형태에서는 진화할 수 없다는 얘기가 되는 거지. 그리고 이런 복잡성을 보이는 기관들이야말로 진화 이론으로는 설명할 수 없으니까 어떤 지적인 존재의 작품이라는 거야. 또 다른 예로는 DNA를 꼽아 볼 수 있네. 지적설계론자들은 DNA 염기 서열에 담겨 있는 정보의 기원을 자연적 과정, 즉 진화론으로는 설명할 수 없다고 주장하고 있어. 자연적 과정을 통해서 만들어질 수 없는 복잡한 DNA의 정보량은, 마치 김소월의 시를 구성하는 한글의 자음과 모음이 특정한 배열을 보이는 것처럼, 지적인 존재가 설계한 증거가 된다는 거지.

박 기자 그럴 듯한 주장처럼 들리는데요.

한 교수 나름대로 논리적인 주장이라는 생각이 들기도 하지. 그래서 창조과학과는 달리 지성인들도 지적설계 입장에 많이 끌리는 것 같아. 하지만 자세히 들여다볼 필요가 있네. 일단, 지적설계의 논증들은 세 단계로 구분해 볼 수 있어.

우선 DNA에 다량의 특정한 정보가 담겨 있다는 과학적 사실에서 출발하는 거야. 그리고 두 번째 단계로, 이런 사실들이 과학적으로 설명될 수 없다고 주장하는 거지. 'DNA 정보의 기원은 진화 이론으로 설명되지 않는다'라는 주장처럼 말이야. 그래서 마지막 단계로, 과학으로 설명되지 않는 이런 사실들은 지적 존재를 암시하는 설계의 증거가 된다고 주장하는 거야. 한 가지 예를 들었지만 지적설계론의 논증들은 대략적으로 이런 세 단계의 구조를 갖고 있네. 지적설계론자들이 자신들의 설계 논증을 과학이라고 하는 것은 바로 첫 번째 단계에서 과학의 결과들을 사용하고 두 번째 단계에서 확률 이론 등을 사용하기 때문이지. 첫 번째 단계야 단순히 과학이 밝혀낸 결과들을 인용하는 것이니까 큰 문제가 없네만, 두 번째 단계에 대해서는 사실 많은 논란이 있네.

틈새의 하나님 – 무지에 호소하는 논증

자, 우선 지적설계 논증의 두 번째 단계에 담긴 심각한 문제를 살펴보세. DNA 정보의 기원을 자연적 방식으로 설명할 수 없다는 결론은 너무 확대된 주장이라는 비판이 있네. DNA 정보의 기원을 현대 과학이 설명해 낼 수 있는가 없는가는 일단 논외로 치고, 현대 과학이 설명하지 못한다고 가정해 보지. 문제는 어떤 현상을 현재 과학으로 설명하지 못한다고 해서 그 현상을 과학적으로 설명하는 일이 전혀 불가능하다고 결론짓는 데 있어. 미래의 가능성을 지금 제한해 버리는 어리석음이랄까?

같은 맥락으로 마이클 베히는 '환원불가능한 복잡성을 보이는 생물 기관들은 진화라는 자연적인 방식으로는 설명되지 않기 때문에 어떤 설계자가 만든 흔적이다'라고 주장하지. 하지만 앞에서 얘기한 대로 이러한 논증의 문제점은 자연적으로 설명할 수 없는 빈틈을 신의 작품으로 돌렸다가 차후에 과학이 발전하여 그동안 설명할 수 없었던 빈틈을 과학으로 설명할 수 있게 되면, 결국 신의 영역은 점점 더 줄어들 수밖에 없다는 데 있지.

지적설계 운동이 창조과학의 가면을 쓰고 있다는 비판을 받는 것은 이처럼 과학으로 설명할 수 없는 현상을 찾아내어 그것을 설계 논증에 사용하려는 전략 때문이야. 이러한 '틈새의 하나님'에 대한 우려와 비판에 대해서 지적설계론자들은 빈틈이 반드시 메워진다고 가정하는 것, 그러니까 과학이 모든 것들을 설명해 낼 것이라는 가정 자체가 오히려 자연주의적·유물론적 전제라며 목소리를 높이지. 그 주장은 일리가 있어. 우주의 기원이나 인간의 기원에 기적적인 요소가 들어 있을 가능성이 있고 그렇다면 영원히 채워지지 않을 빈틈이 있을 수도 있지.

하지만 크리스천 과학자들이 창조과학이나 지적설계 논증에 비판적인 이유는, 모든 빈틈이 결국 자연적으로 설명되어야 한다는 자연주의의 전제 때문이 아니네. 자연주의의 전제를 갖든지 갖지 않든지 과학자가 하는 일은 열린 가능성을 가지고 과학적 설명을 시도하는 일이기 때문이지. 어떤 현상이 과학적으로 설명될지 안 될지는 연구해 봐야 알 수 있는 일 아니겠나.

지난번에 말한 대로 틈새의 하나님에 호소하는 창조과학이나 지적설계의 전략은 결국 무신론자들에게 손을 들어 주는 셈이 되어 버리네. 하나님이 만드신 우주의 오묘함을 기껏 연구해 자연적으로 설명해 낼 때마다 오히려 무신론자들에게 빼앗기는 것처럼 되어 버리기 때문이야. 예를 들어 마이클 베히가 환원불가능한 복잡성을 보인다고 주장하는 생물의 기관들을 과학 이론으로 설명할 수 있게 된다면 어떻겠나? 그렇게 되면 지적설계 논증만 타격을 입는 것이 아니라 기독교의 유신론 신앙도 함께 타격을 입게 되는 것이거든. 그래서 위험하다는 말일세.

오히려 크리스천 과학자들이 해야 할 일은 자연적인 설명이 가능한 우주의 영역들을 신의 작품으로 해석하고 이를 알리는 일일세. 마이클 베히가 환원불가능한 생물의 기관이라고 주장했던 그 기관이 생물학적으로 설명되더라도 그것은 여전히 하나님의 작품이라고 말해 주어야 한다는 거야. 자연적으로 설명되면 신은 없는 거라고 외치는 무신론자들의 게임 규칙에 묶여서 설명 불가능한 현상을 찾아 헤매기보다는, 오히려 무신론자들이 탈취해 간 영역, 그러니까 과학으로 설명이 가능한 영역들을 하나님의 주권 아래 당당하게 되찾아야 하는 것이지. '틈새의 하나님'처럼 빼앗길 것이 예정된 게임의 법칙은 거부해야 하네.

박 기자 하지만 과학이 영원히 밝혀내지 못할 가능성도 있는 것 아닙니까? DNA에 담긴 정보의 기원도 결국 과학이 밝혀낼 수 없다면 지적설계 논증이 설득력 있게 되는 것 아닙니까?

한 교수 날카로운 질문이군. 많은 크리스천 지성인도 자네처럼 생각하는 것 같네. 그럼 지적설계론자들의 주장대로 DNA 정보의 기원을 현재에도 미래에도, 과학적으로 결코 설명할 수 없다고 가정해 보지. 그러면 지적설계자가 과학적으로 보증되나? 그렇지 않네. 과학이 기원을 밝히지 못한 DNA 정보에 대해서는 '밝히지 못했기 때문에 신의 작품이다'라는 주장이 있을 수도 있고, 반대로 '그럼에도 불구하고 신의 작품은 아니다'라는 주장이 있을 수도 있지. 둘 중에 어느 주장이 옳다고 과학이 판단해 줄 수 있겠나? 결국 이런 논증은 과학적 논증이 아니라 형이상학적 논증이 되어 버리는 거야. 동일한 과학적 발견에서 출발한다 하더라도 두 가지 다른 형이상학적 결론이 도출된다

오히려 크리스천 과학자들이 해야 할 일은
자연적인 설명이 가능한 우주의 영역들을 신의 작품으로
해석하고 이를 알리는 일일세.
마이클 베히가 환원불가능한 생물의 기관이라고 주장했던
그 기관이 생물학적으로 설명되더라도
그것은 여전히 하나님의 작품이라고 말해 주어야 한다는 거야.

면 그 둘 중에 어느 것이 옳은지 과학으로는 판단할 수 없지. 결국 지적설계 논증의 마지막 단계는 무지에 호소하는 셈이야. 과학으로, 즉 자연적 방식으로는 설명할 수 없기 때문에 이러저러하다고 결론을 내리는 논증은 무지에 호소하는 논증이고 그것은 과학적 논증이 될 수 없지.

과학이 아닌 형이상학적 논증

박 기자 그러니까 지적설계 논증은 과학적 논증이 아니라 형이상학적 논증이라는 말씀이시군요.

한 교수 그렇지. 지적설계 논증이 과학적 내용을 담고 있기는 하지만 본질적으로는 형이상학적 논증이라고 생각하네. 상대성 이론을 제시한 앨버트 아인슈타인은 이런 말을 했다고 하지.

 "우리가 우주를 이해할 수 있다는 사실이 가장 이해하기 어려운 일이다."

 생각해 보게. 과연 어떻게 해서 우리는 우주 안에 담긴 수많은 자연현상들을 이해할 수 있는 걸까? 가을마다 붉은 옷으로 갈아입는 나뭇잎이라든지, 먼 우주 공간의 거대한 은하들의 역학과 블랙홀의 에너지로 빛나는 퀘이사(quasar)들을 우리가 연구하고 이해할 수 있다는 사실 자체가 너무나 놀랍지 않나? 많은 사람들이 이와 같은 것들에 대해 형이상학적 답을 얻으려고 시도했지만 아직까지 과학적인 답은 없어. 자네, 이 질문을 과학이 답할 수 있다고 생각하나? '왜 우주는 놀라운 규칙성을 보이며 자연법칙에 따라 움직이는가? 그리고 우리는 어떻게 해서 그런 현상들을 이해할 수 있게 된 걸까?'와 같은 질문들 말이네. 나는 이 질문이 과학의 영역을 넘어서는 형이상학적 질문이라고 생각하네. 먼 미래에 어떤 만병통치 이론이 나와서 왜 우주가 합리적일 수밖에 없는지 과학적으로 설명해 줄 수 있을지도 모르겠지만 그런 가능성은 별로 없다고 생각하네.

이러한 질문과 마찬가지로 지적설계 논증들은 근본적으로 과학적 논증이 아니라 형이상학적 논증으로 비쳐진다는 거야. 과학이 답하지 못하는 어떤 현상이 있다고 가정했을 때 '그러면 그 현상을 어떻게 이해할 것인가'라는 것은 결국 형이상학적 질문이라는 것이지. 우주의 합리성에 대한 질문처럼 그것은 과학의 영역을 넘어서는, 혹은 인간의 지식 부족으로 인해 현재까지는 과학의 영역 밖에 있는, 형이상학적 질문이라는 거야. 역사상 최초로 지구를 벗어나 달에 발을 디딘 우주인들은 두 가지 반응을 보일 수 있었네. "역시 신은 살아 계시다"라는 반응과 "역시 신은 어디에도 없다"는 반응 말일세. 그들이 달의 표면을 밟아 보고 눈으로 경험하면서 여러 가지 과학적 결론을 내릴 수 있겠지만, 그것을 가지고 신이나 지적설계자를 논하는 것은 과학의 영역을 넘어서는 것이라고 보네.

박 기자 하지만 과학이 아닌 형이상학적 질문이라고 해서 문제가 될 것은 없지 않습니까? 교수님은 지적설계 논증이 과학이 아니라는 점을 왜 그렇게 강조하시는지 잘 모르겠습니다.

한 교수 형이상학적 논증이라고 해서 무의미하다는 얘기는 결코 아니네. 앞서 자네에게 물었던 질문의 경우, 합리적인 우주가 가능한 것은 그 우주보다 더 큰 어떤 합리적인 존재가 있기 때문 아니겠나. 다시 말하면 합리적인 우주를 창조한 합리적인 설계자가 있기 때문이라는 것이지. 나는 이보다 더 타당한 답을 들어 보지 못했네. 이렇게 말하니까 나도 지적설계론자 같지 않나? 그렇지. 나도 형이상학적 논증을 통해서 얼마든지 우주를 설계한 설계자가 있다고 유추할 수 있다고 생각하네. 그리고 과학자들도 이런 형이상학적 질문들을 던져야 하네. 특히 크리스천 과학자들은 이런 문제를 더 중요하게 다룰 필요가 있어. 그래서 각 분야의 과학적 결론들이 우리의 삶과 신앙에 어떠한 적합성을 갖고 있는지 고민하고 또 그것으로 세상을 섬겨야 하는 것이지.

하지만 이런 형이상학적 논증과 자연과학의 설명은 분명히 다르네. 문제는 지적설계론자들이 '자신들의 설계 논증은 과학'이라고 주장하는 데 있어. 과학을 통해서 얻은 결론을 토대로 얼마든지 형이상학적 질문을 던지고 답할 수 있지만, 그 대답을 자연과학의 직접적인 답으로 여기는 태도는 비판받을 수밖에 없네. 더군다나, 이런 지적설계 논증을 과학으로 옷 입혀 학교에서도 가르치게 하려는 시도에는 큰 문제가 있는 것이지.

박 기자 지적설계 논증이 형이상학적인 면에서 설득력이 있다면 학교에서 못 가르칠 일도 없지 않습니까?

한 교수 그 말 자체는 맞네. 문제는 과학 시간에 다른 과학들과 대등한 이론으로 지적설계론을 소개해야 한다고 주장하는 데 있는 것이지. 과학자들은 이런 시도를 도저히 용납할 수 없는 거야. 과학을 하나님이 주신 중요한 도구로 생각하는 크리스천 과학자들도 마찬가지네. 하나님의 작품을 자연적인 방식으로 이해하려는 과학을 무신론으로 정죄하는 지적설계론자들의 공격은 매우 우려할 만한 일이지.

지적설계의 형이상학적 전제

박 기자 과학을 정죄한다는 얘기는 과학자들이 무신론적 전제를 갖는다는 것을 말씀하시는 건가요?

한 교수 그렇지, 더 정확히 말하면 자연주의적 전제를 갖는다는 거야. 크리스천이든 아니든 과학자들은 자연주의에 물들었다고 보는 것이 지적설계론자들의 입장이지. 자연주의라는 세계관은 쉽게 말하면 자연적인 방식으로 모든 것이 설명될 수 있다는 세계관이라고 할 수 있어. 주의할 것은 자연주의적 세계관은 무신론적일 수도 있고 아닐 수도 있다는 것이지. 보통 자연주의라고 할 때, 신을 배제하고 자연 세계만 존재한다고 보는 유물론처럼 무신론적 자연주의를 의미하는 경우가 많네. 하지만 과학은 어차피 자연 세계를 다루는 학문이니까 초월적 세계가 없다고 가정하든 있다고 가정하든 별로 상관없다고 할 수도 있지. 더 중요한 문제는 '우주와 생명체의 기원이 과연 자연적인 방식으로, 다시 말해 과학으로 설명될 수 있는가' 하는 것이지.

자, 크리스천 과학자들이 자연주의적 전제를 갖는다고 가정해 보세. 즉, '우주는 왜 존재하는가'와 같은 목적론적 질문을 제외한 모든 과학적 질문들을 궁극적으로 자연적 방식, 즉 '과학으로 답할 수 있다'라는 전제를 갖는다고 가정하자는 말일세. 내 말을 잘 이해해야 하네. 과학적 질문들에 한해서 말하고 있는 것이네. 그런데 이런 전제를 크리스천이 가지면 안 되는 이유는 무엇이겠나? 사실, 신이 만든 우주가 어떠한 특성을 가지고 있는지를 완전히 아는 사람은 아무도 없네. 우주의 모든 생성 과정과 현상들을 궁극적으로 우리의 지성으로 이해할 수 있도록 만드셨는지, 아니면 어떤 현상들은 가령, 우주의 대폭발이나 생명체의 기원 같은 현상들은 결코 우리의 지성으로 이해할 수 없도록 기적적으로 만드셨는지는 아무도 판단할 수 없네. 우주의 모든 현상을 우리가 이해할 수 있도록 만드셨다고 가정하는 것은, 어떤 현상은 우리가 이해할 수 없도록 만드셨다고 가정하는 것과 똑같이 논리적으로 가능하지.

지적설계론자들은 '모든 현상이 자연적인 방식으로 설명 가능하다'는 전제를 비판한다네. 그렇다면 '어떤 현상은 자연적인 방식으로 설명 불가능하다'는 그들의 전제도 똑같이 비판받아야 하는 것이 아니겠나? 그것은 하나님이 만드신 우주가 어떤 우주인지 우리가 완전하게는 모르기 때문일세. 지금까지 수많은 우주의 신비가 과학을 통해서 그 인과관계가 밝혀졌다고 해서 모든 우주의 현상을 자연적 과정으로 설명할 수 있다고 가정하는 것이나, 어떤 현상이 아직까지 과학으로 밝혀지지 않았다고 해서 우주에는 자연적인 과정으로 설명 불가능한 부분이 있다고 가정하는 것이나 별반 다를 게 없지 않나? 양자 모두 역시 형이상학적 가정일세.

그러나 모든 것이 자연적으로 설명되는 우주를 하나님이 만드셨다고 가정해 보세. 그래서 우주의 대폭발이나 생명의 기원이 과학으로 설명된다면 지적설계 논증은 무의미하게 되는 것일까? 현재의 지적설계 논증의 전략에 의하면 그렇지. 왜냐하면 지적설계론자들은 자연적 과정으로 설명할 수 없어서 어떤 지적인 존재의 간섭(기적)을 필요로 하는 현상을 지적설계의 증거로 삼기 때문일세. 그러나 실제로, 모든 것이 자연적으로 설명된다 해도 설계자에 대한 논증 자체가 무의미해지지는 않네. 왜냐하면 우리는 그렇게 완벽하게 이해 가능한 우주를 창조한 설계자를 여전히 필요로 하기 때문이지.

지적설계론자들은 하나의 형이상학적 전제를 채택함으로써 다른 형이상학적 전제를 취하는 무신론 과학자들과 동등한 오류를 범하고 있는 것이지. 그리고 설계의 증거를 자연적 과정으로 설명되지 않는 현상들에서 찾음으로써, 하나님의 다양한 설계 방식을 제한하는 오류를 범한다는 것이 내가 생각하는 요지일세.

우리가 우주를 이해할 수 있다는 근거인 우주의 합리성은 증명된 것이 아니라 과학의 전제일세. 이 전제가 없다면 과학이라는 활동 자체가 불가능하지. 그러나 이 전제는 우리가 궁극적으로 이해할 수 없는 부분이 우주에 전혀 없다는 것을 의미하는 건 아닐세. 그런 낭만적인 '19세기 과학관'을 가진 과학자는 많지 않을 거야. 이 전제는 그저 우주를 이해하려는 사람들의 작업 조건일 뿐이야. 왜냐하면 우주가 이해될 수 있다고 가정하지 않고는 아무런 시도도 할 수 없기 때문이지. 물론 이 전제를 작업 조건이 아니라 명백한 규범으로 받아들인 사람들도 있지. 우리는 그들을 자연주의자라 부른다네. 하지만 이미 자네에게 설명한 것처럼 모든 과학자를 신이 존재하지 않는다고 여기는 무신론적 자연주의자로 몰아 버리는 것은 옳지 않네.

박 기자 그러니까 방법론적 자연주의는 자연주의가 아니라는 말씀이시군요.

한 교수 자네가 숙제를 열심히 했구먼. 소위 방법론적 자연주의는 신을 배제하고 자연현상의 인과관계를 따지는 방법론이라고들 하지. 그래서 지적설계론자들은 과학자들이 방법론적 자연주의를 사용하는 것 자체에 문제가 있다는 거야. 유물론적 자연주의라는 것이지. 그러나 방법론적 자연주의는 신을 배제하는 것이 아닐세. 자연현상의 인과관계가 어디서 기원했다고 생각하나? 크리스천 과학자들이 방법론적 자연주의를 사용하는 것은 그리스 신화에서처럼 변덕스럽게 자연현상에 간섭하는 신이 아니라, 원리와 법칙을 부여해서 합리적으로 움직이도록 자연을 창조한 합리적인 신을 가정하기 때문일세. 방법론 자체는 무신론 과학자들의 방법과 똑같지만 크리스천 과학자들은 자연현상 자체가 창조주 때문에 가능하다는 다른 전제를 갖고 있는 셈이지. 사실 자연현상의 합리성이라는 전제를 통해 근대과학이 성립하게 된 배경에는, 질서 있고 합리적인 신의 개념을 가졌던 기독교의 영향을 무시할 수 없다는 것이 과학사가들의 견해라네.

너무나 인간적인 지적설계 개념

박 기자 지적설계론자들은 외계 생명체를 찾는 과학의 예를 들면서 우주의 설계자가 있음을 찾는 것도 같은 맥락의 과학이라고 주장하는 듯합니다. 범죄 현장을 수사해서 살인인가 정당방위인가 혹은 자살인가를 밝히는 것도 과학이니까요. 이런 점에 대해서는 어떻게 생각하십니까?

한 교수 그런 주장에는 일리가 있네. 외계 생명체가 보내는 신호나 범죄 현장의 살인 흔적이 어떤 지적 존재의 것임이 분명할 수는 있지. 그러나 문제는 '신의 설계의 경우에도 그렇게 분명하게 지성의 작업임을 과학적으로 입증할 수 있는가' 하는 점이네.

가령 컴퓨터 화면에 한글 자모음이 순서 없이 배열돼 있는 경우와 김소월의 시가 나타나는 경우를 비교해 보세. 첫 번째 경우는 어쩌다가 자판이 눌려서 그렇게 된 것일 수 있네. 반면에 김소월의 시의 경우에는 특정한 정보가 복잡한 패턴에 담겨 있기 때문에 우연히 발생한 것이 아니라 '의도적으로 타이핑한 결과'라는 것이 거의 확실하지. 지적설계론자들은 이처럼 우주에도 지적 존재의 작업이 분명한 증거들이 있다고 주장해.

그러나 그렇게 지적 존재의 작업이 분명한 증거를 '과학적으로 찾을 수 있는가'라는 부분에 대해서는 별로 설득력이 없네. 외계인의 경우라면 어떤 수학적 기호들을 담아 보낸다든지 하는 식으로 지적 존재임이 분명한 증거들을 찾을 수 있겠지만 신의 설계의 경우, 은하들이 '하나님을 찬양하라'는 전파를 내거나 생물체에 어떤 특별한 메시지가 담겨 있는 것이 전혀 아니거든. 다시 말해 특정하고 복잡한 어떤 패턴이 발견된다 해도 그것이 지적인 존재가 한 것인지 자연현상을 통해 만들어질 수 있는 것인지 구별할 과학적 근거가 없다는 게 과학자들의 비판이지. 우주에 우리가 아는 범위의 지성적 흔적임이 분명한 증거가 과연 있겠느냐는 거야. 물론 지적설계론자인 윌리엄 뎀스키는 확률적으로 자연현상이 될 수 없는 증거들을 찾을 수 있다고 주장하지만, 그런 증거들은 여전히 '틈새의 하나님'의 오류를 범할 수밖에 없네.

더 큰 문제는 지적설계론자들의 설계 개념이 너무나 인간적이라는 데 있지. 이 논증에서 사용되는 지적이라는 개념은 매우 인간적인 개념이야. 왜냐하면 우리가 명백히 지성의 작업임을 알 수 있는 예들은 모두 인간이 한 작업들이기 때문이지. 우리가 아는 설계자들은 사람들이란 말일세. 그러니까 우리가 실제로 생각해 낼 수 있는 설계는 우리가 경험상 알고 있는 인간들의 설계라네. 어떤 면에서 신을 우리의 설계 개념 안에 끌어내리는 셈이 되어 버리는 거지. 하지만 신은 우리의 경험과 사고를 넘어서는 존재이기 때문에, 진정한 의미에서의 신의 설계라는 것은 결코 우리가 이해할 수 없는 것일 수도 있다는 점을 생각해 봐야 하네. 인간적인 설계 개념 안에 신을 가두어 놓고 신의 설계임이 확실한 과학적 증거가 있다고 주장하는 것은 지독한 '우물 안 개구리' 같은 애기가 될 수 있지.

어떤 면에서는 지적설계라는 말보다 인간적 설계라는 말이 더 맞는 셈이라고나 할까. 한마디로, 전에 다룬 '신인동형설'의 문제가 심각하다는 뜻이네. 가령 신이 진화라는 메커니즘을 통해 긴 시간에 걸쳐 생물들과 인간을 만들기로 계획했고 그것이 실현되었다고 가정해 보세. 그렇다면 그렇게 만들어진 생물체들은 당연히 신의 설계 작업이 아니겠나. 그러나 지적설계론자들은 자연현상을 통해 만들어지는 그런 설계는 전혀 염두에 두고 있지 않단 말일세.

설계라는 말 자체가 지적인 작업을 의미하기 때문에 '지적'이라는 형용사를 그 앞에 붙이는 것은 별로 좋은 표현이 아니네. '지적'이라는 말이 붙여진 것은 사실 무신론자들의 외형적 설계라는 표현에 대항하기 위한 것이라고 할 수 있어. 즉, 설계처럼 보이는 현상들은 사실 겉보기만 그럴 뿐 진짜 설계가 아니라는 주장에 대항해 '이런 현상들은 실제로 지적인 존재에 의해 이루어진 설계다'라는 것을 강조하기 위해 '지적'이라는 수식어를 붙인 것이지. 하지만 그런 현상들이 그저 외형적인 것인지 혹은 실제 지적인 존재의 작업인지를 판단할 과학적 기준은 없다는 것이 과학자들의 견해네.

어떤 현상이 인간이 아닌 신에 의해서 설계되었음이 분명한 과학적 기준이 있다는 지적설계론자들의 주장은 인정하기 어렵네. 설계자에 대한 판단은 결국 형이상학의 영역이지.

지적설계 논증의 확률 계산

박 기자 그럼 창조과학자들이나 지적설계론자들이 사용하는 확률에 대해서는 어떻게 생각하십니까?

한 교수 아, 그거 말인가? 그들이 사용하는 확률 계산에는 심각한 문제가 있네. 재밌는 얘기를 하나 해 주지. 미국에서 9·11 사태가 발생했을 때 나는 뉴욕에서 한 시간 정도 거리에 떨어져 있는 지역에 살고 있었는데, 9·11 사태가 발생한 지 꼭 1년이 지난 2002년 9월 11일에 재밌는 일이 발생했어. 그날 뉴욕 주의 세 자릿수 복권 당첨 번호가 911이 된 거야. 다음 날 동네 신문에는 이것이 누군가의 조작이라는 논란에 대한 기사가 실렸지. 911이라는 번호가 당첨될 확률은 다른 모든 세 자리 숫자가 당첨될 확률과 똑같지만, 9·11 테러 사건의 1주년이 되는 9월 11일에 911이라는 특정한 숫자가 당첨된 것은 누군가의 조작일 가능성이 크다고 사람들이 주장했지. 하지만 인터뷰에 응한 어느 통계학 교수는 이렇게 말했어. 어느 숫자가 당첨되든지 누군가에게는 특별한 의미를 줄 거라고. 세 자릿수 복권의 숫자가 일치할 확률이 열 자릿수에 비해 상대적으로 낮은 사건이라서 경우에 따라서는 그런 일이 생길 수도 있으니 별로 바람직한 예가 아니라고 하겠나? 그렇다면 세 자릿수 복권이 아니라 열 자릿수 복권으로 비슷한 일이 발생했다면 어떻겠나? 그 경우는 정말 조작임이 분명하다고 하겠나? 글쎄, 동의하기 어렵지.

윌리엄 뎀스키 같은 지적설계론자들이나 창조과학자들은 진화론이 틀렸다는 것을 보이기 위해 확률의 논리를 많이 사용해 왔지. 가령 최초의 생명체가 만들어질 확률은, 고물상을 휩쓸고 지나가는 토네이도에 의해 비행기가 만들어질 확률만큼이나 낮다는 것이 대표적이야. 하지만 이런 확률 계산의 오류는 과학자들 사이에선 매우 잘 알려져 있지. 우선 그들은 진화가 일어날 확률이나 그들이 지적설계의 증거로 꼽는 마이클 베히의 환원불가능한 복잡성이 발생할 확률을 단회적인 사건으로 기술하여, 현저히 작은 확률을 만들어 내지. 하지만 누적적 선택과 같은 생물학적 설명을 단회적 사건으로 처리하는 것은 심각한 계산 오류라 할 수 있네. 다시 말해, 자연 선택과 변이의 메커니즘은 토네이도와 같은 단회적 사건과는 거리가 멀다는 뜻이지.

둘째로, 복잡성이 만들어질 방식은 매우 다양한 반면, 지적설계의 확률 계산에서는 하나의 방식만을 고려하는 점에 문제가 있네. 가령 단백질의 구조를 결정하는 것은 아미노산의 특정한 배열인데, 아미노산이 특정하게 배열되는 방식은 사실 매우 다양할 수 있거든. 어느 생물학자가 지적한 것처럼, 건초 더미에서 하나의 바늘을 찾을 확률은 매우 적지만 수많은 바늘 중에 하나를 찾을 확률은 그리 적지 않거든. 이것은 우연에 근거한 사건이 일어나기 전에 한 가지 방식을 미리 정하고 시작하는 지적설계 논증의 심각한 오류라고 할 수 있네.

다시 복권으로 돌아가 보지. 복권 당첨 자체가 어려운 걸까? 아닐세. 복권 기계는 매일 한 번호를 당첨시키고 있지. 물론 내가 미리 산

복잡성이 만들어질 방식은 매우 다양한 반면,
지적설계의 확률 계산에서는
하나의 방식만을 고려하는 점에 문제가 있네.

복권의 번호가 당첨될 번호와 일치할 확률은 매우 낮지만, 매일매일 당첨 번호는 분명히 생겨나니까 말일세. 복권에 당첨된 사람이 이렇게 주장한다면 어떻겠나? 수많은 복권 중에 자신의 복권이 당첨될 확률은 너무나 낮기 때문에 이것은 누군가 조작한 것이 분명하다고. 창조과학자들이나 지적설계론자들의 확률 계산이 마치 이런 식이라는 비판일세.

핵심 주장

1. 지적설계 운동의 배경

    창조과학계 내부의 갈등과 법정 소송의 패소 등 내·외부의 어려움을 극복하려는 상황에서 일어났다.

2. 3단계로 이루어진 지적설계 논증

    - 1단계: 과학적 발견(DNA에는 매우 복잡한 정보가 들어 있다).
    - 2단계: 확률 이론 등을 사용해 과학으로 설명 불가능함을 주장(DNA에 담긴 복잡한 정보의 기원은 진화 이론과 같은 과학으로 설명할 수 없다).
    - 3단계: 설계자 추론(DNA에 담긴 정보는 어떤 지적인 존재가 설계한 작품이다).

3. 지적설계 논증 비판

    첫째, 설계 논증의 두 번째 단계인 '과학으로 설명할 수 없다'는 논거는 무지에 호소하는 논증으로서 '틈새의 하나님'이 역사적으로 겪어 왔던 것과 동일한 오류를 범한다.

    둘째, 지적설계 논증은 과학적 사실에서 출발하기는 하지만 과학이라기보다는 형이상학적 논증에 가깝다.

    셋째, 지적설계에서 제시하는 설계의 개념은 신의 설계를 인간이 이해하는 방식의 설계 안에 가두는 신인동형설의 오류를 범한다.

생각할 문제

1. 지적설계와 창조과학의 공통점과 차이점을 찾아보라. 지적설계가 창조과학과 그 맥을 같이한다는 주장에 동의하는가?

2. 신의 존재를 변증하는 일은 필요한 일이다. 그러나 과학으로 신의 존재를 변증하려는 접근 방식은 위험하다. 그 이유에 대해 토론해 보라.

3. 지적설계와 관련된 기사를 대중매체에서 가끔씩 볼 수 있다. 이런 기사들이 현실을 제대로 반영하고 있는지 몇 개의 예를 찾아 점검해 보라.

더 읽을거리

1. 지적설계 운동과 그 배경

   지적설계 운동은 창조과학 운동의 연장선상에 있다고 볼 수 있으나 창조과학과는 조금 거리가 있다. 본문에서 다룬 지적설계 운동의 역사적 배경에 관해서는 다음 논문을 참고하라.
   - Donald A. Yerxa, "Phillip Johnson and the Origins of the Intelligent Design Movement, 1977-1991", *Perspectives on Science and Christian Faith* 54(March 2002), pp. 47-52.

   과학을 포함한 학문 세계 전체가 유물론과 자연주의에 물들었다고 비판하는 지적설계 운동의 기본적 입장은 이 운동의 대부라고 할 수 있는 필립 존슨의 책에 잘 나와 있다. 다음 두 책을 참고하라.
   - 필립 존슨, 「심판대의 다윈」(까치글방).
   - 필립 존슨, 「위기에 처한 이성」(한국 IVP).

하지만 낸시 머피는 하나님을 배제한 자연주의적 과학을 바꾸어야 한다고 주장하는 필립 존슨을 오히려 심판대 위에 올려놓았다.

- Nancey Murphy, "Phillip Johnson on Trial: A Critique of His Critique of Darwin", *Perspectives on Science and Christian Faith 45*(March 1993), pp. 26-36.

2. 지적설계론의 주장과 비판

구체적인 지적설계 논증에 관해서는 마이클 베히와 윌리엄 뎀스키의 책과 논문들을 참고하라.

- 마이클 베히, 「다윈의 블랙박스」(풀빛).
- 윌리엄 뎀스키, 「지적설계」(한국 IVP).
- William A. Dembski, "Intelligent Design as a Theory of Information", *Perspectives on Science and Christan Faith 49*(September 1997), p. 189.
- _____, *No Free Lunch*(Rowan & Littlefield Publishers, 2002).

반면, 지적설계에 대한 비판서로는 다음의 책들을 추천한다.

- 데보라 하스마, 로렌 하스마, 「오리진」, 특히 10장을 보라.
- 리처드 칼슨 편집, 「현대 과학과 기독교의 논쟁」(살림출판사). 특히 3장을 보라.
- Howard J. van TIll, "Is the Creation a Right Stuff Universe", *Perspectives on Science and Christian Faith 54*(December 2002), pp. 236-238.
- Kenneth R. Miller, *Finding Darwin's God*(HarperCollins Publishers, 2000).
- Phillip E. Johnson, Denis O. Lamoureux, *Darwinism Defeated?*(Regent College Publishing, 1999).

- Robert T. Pennock, *Tower of Babel*(MIT Press, 1999), 특히 1, 4, 5, 6장을 보라.

지적설계 운동 계열로 꼽히기도 하는 델 라치(Del Ratzsch)는 뎀스키의 설계 추론이 갖는 한계와 부정의 논리들에 대해 논한다. 논조는 비판적이지 않지만 설계를 지지하는 입장에서 쓴 뎀스키에 대한 논의의 주목할 만하다.

- Del Ratzsch, *Nature, Design and Science*(SUNY, 2001), pp. 153-168.

지적설계 논증이 '틈새의 하나님'에 호소한다는 비판에 대한 반론으로는 젊은 지구론자인 과학 철학자 폴 넬슨의 예를 들 수 있다. 그는 빈틈이 메워질 것으로 가정하는 것이 자연주의의 전제라는 점을 강조하기 위해 슈퍼마켓의 예를 든다. 통조림을 찾다가 실패한 손님이 "이 슈퍼마켓에는 빈틈이 있는 것 같다"고 하자, 가게 주인은 "이 가게는 빵만 파는 빵집입니다. 빈틈은 손님의 마음에나 존재하는 것입니다"라고 말한다. 그러나 우주에는 이렇게 편리하게 답해 줄 가게 주인이 존재하지 않는다는 것이 문제다. 이 가게에 정말 통조림이 없는지는 가게를 다 뒤져 봐야만 알 수 있다.

    우주 안에 우리가 절대로 이해할 수 없는 기적적 요소가 담겨 있는지, 그래서 빈틈이 있을 수밖에 없는지, 혹은 우주 전체가 과학으로 이해할 수 있도록 창조되었는지는 아무도 모른다. 반드시 통조림이 있어야 한다고 믿는 자연주의의 전제를 가진 과학자나, 통조림이 있는지 없는지 모르지만 열린 가능성을 가진 크리스천 과학자나, 열심히 가게를 뒤져 보려고 노력하는 점에서는 자신의 본분에 충실하다. 다 뒤져 보기도 전에 없다고 결론내릴 수는 없다. 폴 넬슨의 논거는 다음에서 찾아볼 수 있다.

- 존 데이비스, 하워드 반틸 편집, 「창조와 진화에 대한 세 가지 견해」(한국 IVP), pp. 83-84.

10.
창조 기사 이해하기

창세기 1장 다시 읽기

박 기자 창조과학과 지적설계에 대한 교수님의 입장은 잘 들었습니다. 결국 한 교수님은 과학자의 입장에서 창조과학이나 지적설계론을 과학으로 인정하지 않으시는 것 같군요. 그렇다면, 지난 강의에서 말씀하셨지만 창조 자체에 대해서 크리스천들이 궁금해할 내용에 대해 좀더 자세히 교수님께 묻고 싶습니다.

한 교수 창조과학이나 지적설계에 대한 판단을 떠나서 창조 자체에 대해서 크리스천들이 궁금해하는 내용은 사실 많이 있지. 자네가 크리스천들이 궁금해할 만한 내용들에 관해 더 묻겠다니 재미있군.

박 기자 제가 생각할 때 크리스천들에게 고민이 되는 내용은 결국, 성경이 제시하는 창조 기사와 과학이 제시하는 창조 과정이 서로 모순되는 게 아닌가라는 점일 것 같습니다. 과학자들이 밝혀 낸 과학의 내용을 받아들인다면 그 내용이 성경이 제시하는 창조와 모순되는 것이 아니냐는 염려인 것이죠.

한 교수 과학과 신앙의 관계에 대해서는 지금까지 우리가 죽 살펴보지 않았나?

박 기자 맞습니다. 원론적인 차원에서는 과학과 신앙이 모순되지 않고 과학과 기독교를 동시에 받아들일 수 있다는 교수님의 설명은 충분히 이해했고 설득력이 있습니다. 그러나 성경에 담긴 구체적인 내용들 중에는 과학이 제시하는 그림과는 모순되어 보이는 것들이 많지 않습니까?

한 교수 아, 그런 뜻이었군. 구체적인 사안을 다룬다면 모순되는 내용이 있다는 거지? 그렇다면 자네가 보기에 과학과 성경이 모순되는 것처럼 보이는 예는 어떤 것이 있나?

박 기자 일단 창세기 1장에 그려진 창조 과정 자체가 과학이 보여 주는 내용과 너무 다르다는 점이 문제가 되지 않을까요? 창세기 1장에 나오는 창조의 순서라든지 창조의 연대라든지 창조의 방법이라든지, 이런 것들이 과학이 제시하는 것과는 확연히 다르니까요.

한 교수 흠, 그럼 자네는 창세기 1장이 육하원칙에 따라 창조 과정을 설명하고 있다고 생각하나?

박 기자 창세기가 모순 없는 신의 계시라면 창조 과정에 대한 설명이 정확하게 기술되어야 하는 것 아닙니까?

한 교수 크리스천들이 창세기를 신의 계시로 믿고 있는 것은 맞네. 하지만 창세기가 창조의 연대나 순서 혹은 창조의 방법을 육하원칙에 따라 보여 주는 책은 아닐세. 전에도 말했지만 창세기 1장의 핵심 내용은 우주만물이 신에 의해서 창조되었다는 것이야. 고대 근동 지역 사람들이 신으로 숭배했던 태양이나 달이나 바다나 그런 것들은 창조물에 불과하다는 것이 핵심 주장이라네. 창세기 1장이 창조의 연대나 과정을 정확히 전달하려고 쓰였다고 볼 수는 없는 것이지.

박 기자 그럼, 창세기 1장에 나오는 창조 순서나 과정에 대한 기술들은 그저 비유나 신화로 보아야 한다는 말씀인가요? 그렇다면 창조 기사가 사실이 아니라는 얘기 아닙니까?

한 교수 글쎄, 자네가 비유 혹은 신화와 사실을 어떻게 다르게 정의하는지 궁금하군. 육하원칙에 따라 집필하지 않았다고 해서 사실이 아닌 게 되는 것은 결코 아니야. 예를 들어 볼까? 어느날 동네 어귀에서 벌어진 전투를 목격한 한 주민이 전투의 참혹함을 일기로 남겼다고 해 보세. 그 기록은 아군과 적군의 전투를 담은 이야기이긴 하지만 육하원칙에 따라 정교하게 기록된 것은 아니지. 그 일기의 목적은 전쟁의 참혹함을 담는 데 있었기 때문이지. 그러니까 어떻게 적군의 공격이 시작되었고 어떻게 아군이 반격을 했으며 양쪽의 피해 상황이 어떻게 되는지 등의 구체적 내용을 육하원칙에 따라 쓴 전투 일지처럼 그 일기를 취급할 수는 없단 말일세. 그런 구체적 정보는 정보 장교가 작성한 전투 기록에서 찾아야 하는 것이지. 하지만 그 일기가 육하원칙에 따라 정확히 쓰이지 않았다고 해서 그 일기에 담긴 전투가 허구였다고 말할 수는 없지 않는가. 그 주민이 자신의 시각으로 그날의 교전 이야기를 썼다고 해서, 혹은 기자가 쓴 육하원칙의 기사와 차이가 난다고 해서 그 기록이 사실이 아니라고 할 수는 없다는 말일세. 전쟁의 참혹함에 대한 주장은 오히려 정보 장교가 쓴 전투 일지보다 그 주민의 기록이 더 심도 있게 담고 있는 것이지. 창세기 1장도 마찬가지네. 그 본문이 어떤 의도로 쓰여 있는지를 정확히 알고 읽어야 하지 않겠나?

박 기자 그렇다면, 교수님은 창세기 1장이 육하원칙에 따라 쓰인 정확한 기록이 아니라고 말씀하시는 건가요?

한 교수 창조의 순서나 시간을 독자들에게 알려 주기 위해서 집필된 것이 아님은 분명하네. 다시 말하면 창세기 1장을 과학 교과서처럼 읽어서 창조의 연대나 순서를 재구성하려는 시도는 잘못되었다는 것이지.

박 기자 그렇다면 창세기 1장의 서술들은 사실이 아니라는 말이 되는 셈이지 않습니까? 창세기 1장을 읽어 보면 6일에 걸쳐서 창조의 과정을 하나하나 설명하고 있는데요.

한 교수 성경의 저자가 의도한 내용을 넘어서 우리가 읽어 내고 싶은 것을 무리하게 읽어 내는 것이 문제라는 말이네. 종교개혁자들도 성경이 가르쳐 주는 데까지 가고 성경이 가르쳐 주지 않는 것에 대해서는 멈추라는 얘기를 하지 않았나. 성경의 저자는 창조의 순서나 연대를 알려 주려는 의도가 없었고, 그렇기 때문에 창세기 1장에서 창조의 연대나 순서를 읽어 내려는 시도 자체가 오류를 낳는다는 것이지.

박 기자 교수님의 설명대로 창세기 1장이 육하원칙을 따라 기록된 것이 아니라고 해도 창조 기사의 서술들은 현대 과학이 제시하는 그림과는 너무나 다른 것 같습니다.

한 교수 그 점은 분명하네. 창세기는 몇천 년 전에 고대 근동 지방에서 쓰였기 때문에 당대의 상식과 우주관을 그대로 담고 있지. 성경은 신의 계시를 담고 있지만 그 계시를 담아낸 인간의 언어는 분명한 한계를 갖고 있지. 고대 근동 지역에서 쓰인 성경은 그 시대의 문화와 상식을 배경으로 하고 있다는 말일세. 우리가 21세기 과학을 통해서 알고 있는 우주 대폭발이나 우주 팽창 혹은 생물 진화를 하나님이 창세기 기자에게 영상으로 보여 주었다고 하더라도, 창세기 기자는 자신이 갖고 있던 지식과 우주관을 토대로 글을 쓸 수밖에 없지 않은가. 그 문화권에 존재하는 개념과 어휘를 사용할 수밖에 없다는 것은 자명하지. 그러니까 창세기 1장에는 하나님이 대폭발을 통해 '우주 팽창을 시작하시니라' 라던가 '별의 내부에서 핵융합 반응을 통해 인간의 몸을 구성할 탄소를 창조하시니라' 같은 표현이 결코 나올 수 없는 것이지.

박 기자 그러니까 창세기 1장은 고대 근동 지역 사람들이 이해했던 우주관을 그대로 반영하고 있다는 말씀이시군요.

한 교수 그렇지. 그 당대에는 육지가 바다에 둘러싸여 있다고 생각했고 하늘은 몇 개의 층으로 되어 있다고 생각했지. 하늘 위에도 물 층이 있다고 여긴 것을 대표로 꼽을 수도 있지. 당대에는 비가 오는 원리를 이해하지 못했기 때문이야. 과학 시대에 사는 우리야 물이 증발

해서 공기 중으로 올라가면 구름이 되고 비가 되어 내린다는 것을 잘 알고 있지만, 당대의 사람들은 그런 지식을 갖고 있지 못했거든. 그래서 비가 오는 것을 보면서 당연히 물 층이 하늘 위에 있다고 생각했지. 창세기 1장을 읽어 보면 우리는 이 고대 근동 지역의 우주관을 어느 정도 읽어 낼 수 있네. 다시 말하면 창세기 기자는 당대에 사람들이 생각했던 우주의 모습에 맞게 창조의 과정을 하나하나 설명하고 있는 것이지.

박 기자 그러니까 고대 근동 지역의 사람들이 생각했던 하늘과 땅과 바다의 구조를 신이 하나하나 창조한 것으로 기록했다는 얘기군요.

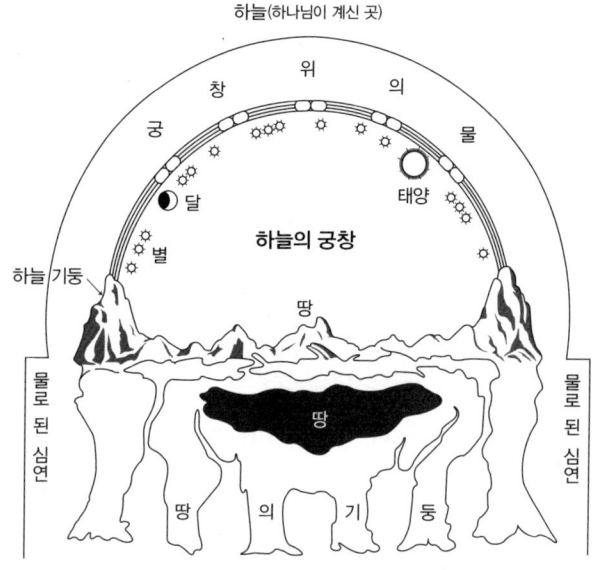

고대 근동 지역에 살았던 히브리인의 우주관

한 교수 그렇다네. 만일 창세기 1장을 과학책처럼 읽어서 우주 모델을 만든다면 편평한 지구가 바다로 둘러싸여 있고 하늘에는 해와 달과 별들이 천정에 붙어 있는 그런 고대의 우주 모델이 나오게 된단 말일세.

박 기자 그러니까 창세기 1장을 과학적 서술로 받아들이면 현대 과학이 제시하는 우주와는 모순이 될 수밖에 없다는 얘기군요.

한 교수 그렇지. 성경은 고대 근동 지역의 사람들이 갖고 있던 우주관이 옳다고 제시하는 책이 아닐세. 하나님이 세상을 창조했다는 의미를 전하기 위해서 당대의 사람들이 갖고 있던 우주관에 기초해서 창조의 이야기를 풀어 나간 것이지.

박 기자 좋습니다. 그러니까 교수님은 창세기 1장의 창조 순서나 과정, 연대 같은 것들은 실제와 다르다고 말씀하시는군요.

한 교수 자네는 성경에 자연의 역사가 정확히 담길 필요가 있다고 생각하나? 창세기 1장에 우주가 백억 년 이상 오래되었다거나 지구가 46억 년 전에 만들어졌다거나 하는 내용이 담길 이유가 있을까? 나는 없다고 생각하네. 성경은 과학 백과사전도 아니고 자연사를 담은 과학 책도 아니지 않은가. 그런 내용은 자연이라는 책을 통해서 우리가 얼마든지 읽고 배울 수 있는 것이지.

박 기자 헷갈리는군요. 저는 성경을 있는 그대로 믿어야 한다고 교회에서 배웠던 것 같습니다.

한 교수 물론, 있는 그대로 믿어야 하네. 문제는 '있는 그대로'라는 것이 어떤 것인지를 아는 것이 중요하지. 성경의 저자가 원래 의도했던 내용들을 읽어 내는 것이야말로 성경을 있는 그대로 읽는 것이지. 창세기 1장을 어떻게 해석할 것인가에 대해 기독교 안에서 다양한 의견이 있다는 것은 이미 전에도 얘기했지?

박 기자 다양한 해석이 가능하다는 것은 알겠습니다. 그래도 창세기 1장을 읽어 보면 해와 달과 별, 그리고 생물들이 어떻게 창조되었는지 그 내용이 기록되어 있는 것은 분명합니다. 창세기 1장에 담겨 있는 창조의 과정이 과학이 제시하는 창조의 과정과 다른 것이 결국 크리스천들에게는 고민이 될 것 같습니다.

한 교수 창세기 1장은 분명히 창조 과정에 대해 설명하고 있네. 그러나 창세기 1장의 창조라는 말은 과학 교육을 받은 우리가 생각하는 그런 창조는 아니라네. 자네가 생각하는 창조라는 말의 뜻은 무엇인가?

박 기자 창조한다는 것은 뭔가를 물질적으로 만들어 낸다는 뜻 아닙니까?

한 교수 그렇지. 물질주의적 세계관이 지배하는 현대를 사는 우리에게는 그런 의미가 익숙하고 자연스럽지. 그러나 이스라엘과 그 문화를 공유하던 고대 근동 지역의 독자들은 창세기에 표현된 창조라는 말을 그런 의미로 생각하지 않았어. 창세기 1장의 창조는 물질적인 창조를 의미하기보다는 기능적 창조를 의미한다네. 창조라는 말은 어떤 기능을 부여한다는 뜻으로 사용되었다고 보는 견해가 매우 설득력 있지.

박 기자 창조라는 말이 뭔가를 만든다는 뜻이 아니라 어떤 기능을 부여한다는 뜻이라구요?

한 교수 내 얘기를 좀더 들어보게. 뭔가를 만든다고 할 때, 우리는 어떻게 만드는가에 대해서 깊은 관심을 갖지. 나도 과학자이기 때문에 '어떻게'라는 질문을 매우 중요하게 여긴다네. 가령 비행기나 핸드폰을 누가 만들었다면 어떤 재료를 써서 어떻게 만들었는지 궁금해할 걸세. 그리고 비행기나 핸드폰 제작 과정을 기록으로 남긴다면 '어떻게'라는 관점에서 구체적 설명을 풀어나가지 않겠나. 거기에는 분명히 재료에 대한 정보와 제작 과정과 방법에 대한 이야기가 담길 테지. 그러나 창세기가 기록된 시절에는 무엇으로 어떻게 만들었나는 큰 관심사가 아니었네. 그것보다는 어떤 기능을 하는가가 훨씬 더 중요한 질문이었지. 화로를 만들었다면 화로에는 어떤 기능이 있는지, 굴뚝을 만들었다면 굴뚝에는 어떤 기능이 있는지가 일차적 관심이었단 말일세. 그러니까 화로나 굴뚝을 만든 기록을 남긴다면 무엇으로 어떻게 만들었는가에 대한 설명보다는 어떤 기능이 부여되었는가에 대한 설명이 더 중요하게 다루어졌을 거라는 게지. 미국 휘튼 대학의 구약신학자인 존 왈튼은 창세기 1장의 창조 기사를 바로 이렇게 기능을 부여한 이야기로 이해하는 것이 가장 적합하다고 말하고 있네. 그의 「창세기 1장의 잃어버린 세계」라는 책을 보면 기능적 창조에 대한 자세한 설명이 있지.

박 기자 물질적 창조와 기능적 창조가 구체적으로 어떻게 다른지 좀더 설명을 해 주시면 좋겠습니다.

창세기 1장의 창조는 물질적인 창조를 의미하기보다는
기능적 창조를 의미한다네.
창조라는 말은 어떤 기능을 부여한다는 뜻으로 사용되었다고
보는 견해가 매우 설득력 있지.

한 교수　좋아. 가령, 의자를 만든다고 했을 때는 의자를 구성하는 나무라든가 그 나무로 된 부품들을 결합시켜서 의자의 형태로 만든다는 뜻이지. 의자를 창조한다는 말은 물질적으로 의자를 만들어 낸다는 의미라고 할 수 있어. 그런데 회사를 만든다고 하면 어떻겠나? 회사를 만들려면 건물 같은 물질적 구성도 필요하지만 물질적 구성이 핵심은 아닐 걸세. 사업자등록을 한다든가 직원을 채용해서 직무를 부여한다든지 회사가 회사다운 기능을 할 수 있도록 준비되었을 때 비로소 회사를 만들었다고 할 수 있지. 사무실을 마련하고 사람을 채용했다고 해도 사업 허가가 나지 않거나 회사로서의 기능을 수행하지 않으면 회사가 될 수 없는 거지. 이해가 되나? 우리는 흔히 창조라는 말을 의자의 경우처럼 뭔가를 물질적으로 만든다는 의미로 생각하는 반면, 창세기 1장에 나오는 창조는 회사의 경우처럼 어떤 기능을 부여한다는 의미로 사용되었다는 것이 왈튼의 핵심 주장이라네.

　사실 창세기 1장을 잘 읽어 보면, 어떤 재료를 썼는지 어떤 방식으로 만들었는지 원료나 방법에 대한 기술이 전혀 없네. 의자를 만든다면 나무를 사용했는지 철을 사용했는지 원료에 대한 설명이 필요하지 않겠나. 그리고 못을 박아서 부품들을 연결했는지 접착제를 사용했는지 조립방법도 설명해 주어야 하겠지. 그러나 창세기 1장의 창조 기사에 나오는 창조물들은 어떤 원료를 가지고 어떤 방식으로 만들었는지 전혀 설명되지 않고 있네. 대신 창조물들에 어떤 기능이 붙여졌는지가 주로 설명되고 있지. 가령, 해와 달을 창조한 대목을 보면 두 개의 광명을 만들어 하나는 낮을 주관하게 하고 다른 하나는 밤을 주관하게 했다고 기록되어 있지. 창세기 저자는 태양에 낮을 주관하게 하는 기능이 부여되었다는데 주목하는 반면, 태양을 무엇으로 어떻게 만들었는지 그런 물질적 창조에는 전혀 관심이 없다네. 궁창도 마찬가질세. 궁창 위의 물과 궁창 아래의 물을 나누고 궁창을 하늘이라고 불렀는데, 하늘이라는 창조물은 위 아래로 물을 나누는 기능이 주어졌지. 이 궁창은 고대 우주관을 그대로 반영하고 있어. 고대인들은 하늘에도 물이 있다고 생각했거든. 왜냐하면 비가 와야 하니까 말일세. 하늘 위의 물층이 비를 내리게 하는 원천이 된다고 생각했던 거지. 또 밤하늘에 보이는 별들을 떠받칠 수 있는 튼튼한 받침대도 필요했지. 우리는 하늘이 공기라는 기체로 구성되어 있다는 것을 알지만, 고대에는 하늘을 딱딱한 고체로 생각했으니까. 그래서 물층뿐 아니라 별과 천체들을 떠받칠 수 있는 기능을 수행할 하늘이 창조된 것이지. 이렇게 창세기 1장의 창조 기사는 천지만물에 하나하나 기능을 부여해서 인간이 살 수 있도록 준비하는 과정을 기술한 것이고, 마지막 7일째의 안식은 혼란 상태가 끝나고 준비된 하나님 나라를 다스리기 시작하는 안정된 상태로 들어가는 시작을 의미한다고 볼 수 있지.

왈튼의 해석은 많은 창세기 주석가가 난해하게 생각했던 문제들을 쉽게 그리고 일관되게 풀어내는 장점이 있다. 자네도 창세기 1장을 이런 관점에서 한 번 읽어 보게나. 현대인의 과학적 시각으로 무엇이 어떻게 어떤 원료로 어떤 순서에 따라 물질적으로 창조되었는지 묻기보다. 각각의 창조물에 어떤 기능이 부여되었고 창조계가 어떻게 질서 있게 준비되었는지 기능적 창조라는 개념을 염두에 두고 읽어 보란 말일세. 창세기 1장이 매우 새롭게 읽힐 거야.

박 기자 이런 얘기는 처음 들어 봅니다. 창조에 대한 이야기니까 당연히 창조의 과정이나 연대 이런 내용들이 정확하게 담겨 있어야 한다고 생각했는데, 교수님 말씀은 고대 근동 지역 사람들이 생각한 창조의 개념 자체가 달랐다는 얘기군요.

한 교수 존 월튼의 해석은 다른 해석들과 함께 우리가 귀담아들어 볼 필요가 있네. 기능적 창조라는 견해도 장단점이 있겠지만 내가 말하고 싶은 핵심은, 결국 창세기 1장을 현대 과학의 시각으로 읽어 내려는 것은 어떤 면에서는 제국주의적 성경 해석이라는 거지. 안타깝게도 바로 그런 해석이 젊은 지구론처럼 하나님이 주신 자연이라는 책에 반하는 잘못된 주장이 나오는 출발점이라고 할 수 있지.

박 기자 무슨 말씀인지는 잘 알겠습니다. 하지만 그렇게 성경을 읽는다면 성경의 권위나 무오성에 문제가 되지 않을까요?

한 교수 나는 그렇게 생각하지 않네. 그런 해석은 오히려 하나님이 우주를 창조했다는 창세기 1장의 핵심 메세지를 그대로 두면서도 성경의 권위는 결코 축소시키지 않네. 성경이 무오하다는 것은 하나님의 계시로서 무오하다는 것이지, 그 계시가 담긴 고대 근동 지방의 언어나 어휘, 혹은 당대의 우주관이 무오하다는 뜻은 아니지 않나.

박 기자 알겠습니다. 창세기 1장의 창조 기사는 고대 근동 지역의 우주관과 지식을 담고 있고, 그 서술들을 과학적 의미로 읽으면 안 된다는 것이군요.

한 교수 자네가 잘 정리해 주었군. 대신 성경 기자가 전달하려는 핵심 메시지인 하나님이 모든 우주만물의 창조주라는 의미는 결코 양보할 수 없다는 것이지.

인류의 기원

박 기자 좋습니다. 그럼 창세기 1장을 구체적으로 어떻게 이해할 것인가에 대해서는 어느 정도 이해가 된 것 같습니다. 그러나 여전히 문제가 남아 있는데요, 특히 인류의 기원을 어떻게 볼 것인가가 중요한 문제가 될 것 같습니다.

한 교수 그렇지. 인간의 창조는 기독교에서 민감한 문제이고 우주의 창조와는 또 다른 논란의 여지가 있지.

박 기자 두 가지 질문 중에 우선 첫 번째 질문을 드리겠습니다. 기독교는 인간이 특별하게 창조되었다고 가르쳐 왔습니다. 만일 과학적 탐구가 가능한 인과관계 같은 자연적 방법을 통해 신이 인간을 만들었다고 하면, 인간이 특별하게 창조된 것이 아니게 되지요. 침팬지나 오랑우탄 혹은 개나 고양이와 마찬가지로 진화라는 기재를 통해 창조했다면, 다른 동물과는 달리 인간에게 존엄성이 있다거나 혹은 인간이 특별한 존재라는 것을 어떻게 주장할 수 있습니까? 제가 보기에는 진화를 통한 창조는 인간이 존엄하다거나 특별하다는 기독교의 가르침과 모순되는 것 같습니다. 인간도 다른 동물들과 마찬가지로 그저 태어났다가 소멸하는, 별 의미 없는 생물체가 아닌가요?

한 교수 아, 그 질문이로군. 인간이 다른 동물과 같은 방법으로 창조되었다면 인간도 특별하게 창조된 것은 아니라는 말이지? 무슨 말인지 알겠네. 다른 모든 창조물과 달리 인간이 특별하다는 것은 기독교의 가르침이 맞네. 그러나 그 가르침은 인간을 창조한 방법 자체가 특별하다는 뜻은 아닐세.

박 기자 그게 무슨 말씀인가요? 진화라는 기재로 똑같이 창조되었으면 인간이나 동물이 그리 다를 바가 없지 않습니까?

한 교수 글쎄, 인간의 몸이나 생물 구조는 사실 동물과 별반 다를 바가 없네. 인간과 침팬지의 유전자도 98퍼센트 정도 같다는 사실도 잘 알려지지 않았나. 그러나 인간이 특별한 이유는 창조된 방법이 특별해서가 아니라 하나님이 특별한 존재로 대우하셨기 때문일세.

박 기자 그게 무슨 말씀인가요?

한 교수 자, 일단 내가 좀 얘기를 풀어 보지. 자네 '코페르니쿠스의 원리'라는 말 들어 봤나?

박 기자 코페르니쿠스의 원리라면 지구에 사는 우리 인류의 관점이 우주에서 특별하지 않다는 것이죠?

한 교수 그렇지. 다른 표현으로는 '평범성의 원리'라고도 하지. 중세 사람들은 인류가 살고 있는 지구가 우주의 중심에 있다고 생각했지.

인간이 특별한 이유는 창조된 방법이
특별해서가 아니라
하나님이 특별한 존재로 대우하셨기 때문일세.

그래서 태양과 달을 비롯한 모든 별들이 지구를 중심으로 회전한다고 생각했어. 소위 하늘이 지구 주위를 돈다는 천동설 말이지. 지구에 사는 사람이 겪는 일상적 경험을 통해 본다면 당연한 결론이네. 아침마다 동쪽에서 태양이 뜨고 저녁이면 서쪽으로 태양이 지며 별들도 동쪽에서 떠올라 서쪽으로 지니까 말일세.

이 천동설은 수천 년 동안 지성사를 지배하는 우주관이었지만, 16, 17세기를 거치면서 결국 무너졌지. 코페르니쿠스, 갈릴레이, 케플러 같은 사람들을 통해서 지구가 아닌 태양을 중심으로 지구를 비롯한 행성과 별들이 회전 운동한다는 것이 밝혀졌어. 이때부터 지구는 우주의 중심에서 영원히 밀려나게 되네. 코페르니쿠스의 원리가 시작된 것이지. 20세기로 오면서 이 원리는 더 확장되네. 태양도 결코 우주의 중심에 있지 않다는 것이 알려졌거든. 2천억 개의 별이 모여 하나의 소우주를 이루고 있는 우리 은하의 중심은 태양에서 약 2만5천 광년이나 떨어져 있다네. 태양은 그저 우리 은하의 변두리에 있는 하나의 별에 불과하지. 더 큰 세계로 나가 볼까? 천억 개 가량의 은하들이 이루고 있는 우주의 거시 구조에서 보면 어떨까? 우리 은하는 백억 광년이 넘는 우주 공간에 존재한 수많은 은하들 중에 평범한 한 은하에 불과하다네. 우리 은하가 우주의 중심에 있는 것도 아니라는 말이지.

이러한 사실들을 종합하면 우주 공간 안에서 지구의 위치는 물리적으로 큰 의미가 없다는 말이 되네. 지구가 우주의 중심에 있는 것도 아닐뿐더러 지구나 우리 태양계, 혹은 우리가 속한 우리 은하가 뭔가 특별하지도 않다는 말이지. 인간이 존재하는 지구는 우주 전체에서 별로 특별하지 않고 그저 평범할 뿐이라는 얘기네. 이것이 코페르니쿠스 원리이지. 중세 시대에 지구가 우주의 중심이라고 여겼던 생각은 평범성의 원리에 의해 여지없이 깨졌네.

생물학을 봐도 마찬가질세. 인간이 다른 동물과 다를 것 같지만 사실 별로 그렇지 않거든. 침팬지와 인간을 비교했을 때 유전자도 그렇지만 생물학적인 구조도 차이가 그리 많이 나지 않네. 물론 2퍼센트의 유전자가 다르기 때문에 거기서 위안을 삼을 수도 있겠지만, 생물학적으로 봤을 때 인간이 다른 동물들하고 크게 다르지는 않다는 말이지. 비슷한 방법으로 창조되었을 거란 얘기가 되네. 생물학에서도 평범성의 원리가 지배한다고나 할까?

그렇다면 인간의 위대함 혹은 인간의 존엄성을 어디서 찾을 수 있겠나? 과거에는 인간이 사는 지구가 우주의 중심에 있다거나 혹은 인간이 다른 동물들과는 다르다는 차별성에 기초해서 인간의 존엄성을 이야기했지. 그런 생각들은 물리학적·생물학적으로 인간을 위대하게 보이게 했던 것이지. 그러나 더 이상 그런 차별성을 주장하기는 어려워졌어.

박 기자 그렇다면 인간의 존엄성의 근원은 어디서 찾을 수 있을까요?

한 교수 좋은 질문이네. 가령, 인간의 생명이 다른 동물의 생명보다 더 존중받아야 한다면 그 근거가 무엇이냐는 질문이 되는 것이지. 정신 활동을 하는 인간은 인격체이므로 존중받아야 한다는 의견도 있지. 그런데 영장류와 같이 뇌가 발달한 동물들은 그럼 어떨까?

박 기자 어려운 질문이네요. 동물들의 권리를 주장하는 단체들도 있지 않습니까?

한 교수 내가 할 수 있는 이야기는 이걸세. 인간의 존엄성을 중세 사람들이 생각했던 것처럼 지구와 인간이 우주 중심에 있고 우리를 중심으로 우주가 운행된다는 그런 주인공 의식에서 찾을 수는 없네. 동물과는 다른 특별한 방법으로 창조되었기 때문에 인간은 위대하고 존엄하다고 말할 수도 없네. 우리 인간이 특별한 의미를 갖게 된 것은 신과의 관계 때문이지. 창조주 하나님이 우리 인간을 선택해서 우리와 관계를 맺었기 때문일세. 기독교에서는 인간과 신이 언약 관계를 맺었다고 말하지. 지구나 인간의 몸은 평범할지 몰라도 인간은 신에게 선택되었기 때문에 특별하다는 말일세.

박 기자 창조의 방법이 특별했던 것이 아니라, 신과 인간의 관계 때문에 인간이 특별하다고 보신다는 말씀이시군요. 그렇다면 동물의 생명을 존중하거나 동물의 권리를 주장하는 것에 대해서는 어떻게 생각하시나요?

한 교수 흠, 동물도 신의 창조물이고 창조 세계 내에서의 위치와 기능이 있으니 나름대로 존중받아야 마땅하지 않겠나? 신과 인간의 언약 관계와 마찬가지로 창조 세계 전체가 인간을 통해 신과 언약 관계에 있다고 볼 수 있네. 기독교에서는 인간의 타락 때문에 창조 세계와 신의 관계도 어긋났다고 가르친다네.

박 기자 그렇다면 교수님은 인간과 다른 동물과의 차이에 대해서는 어떻게 보시나요?

한 교수 기독교에서는 인간이 하나님의 형상을 따라 창조되었다고 가르치네. 그러나 하나님의 형상이라는 것은 생물학적인 의미가 아닐세. 하나님이 손가락이 열 개 있고 다리가 두 개 있어서 인간도 그렇게 만들었다는 뜻이 아니란 말일세. 물론 기독교를 잘 모르는 무신론자들은 가끔 그런 식의 오해를 하기도 하지. 그러나 신의 형상을 닮았다는 말은 정신적인 의미라네. 인간은 신을 대리하는 대리자로서 창조되었다는 뜻이지. 신이 인간을 선택해서 언약 관계를 맺었을 때 인간은 생물학적 의미뿐 아니라 종교적 의미에서 진정한 인간이 되는 것이지. 바로 신의 형상을 닮은 인간 말일세.

박 기자 그렇다면 교수님은 인간의 몸의 구조는 진화의 방법으로 창조되었고, 그러고 나서 신과의 관계를 통해 기독교적인 의미에서 진정한 인간으로 창조되었다고 얘기하시는 것 같군요.

한 교수 충분히 그럴 수 있다는 것이지. 진화를 통해서 인간의 생물학적인 몸이 창조되었고 인간의 영은 특별한 방법으로 창조되었다는 견해를 가진 사람들도 있지. 반면 인간의 의식을 비롯한 모든 면을 신은 진화와 같은 자연적인 방법으로 창조했다고 보는 사람들도 있네. 인간의 의식이 어떤 방법으로 창조되었는가는 아직 답하기 어려운 열린 질문이지만 내가 말하고자 하는 핵심은 어떤 방법으로 창조되었든 기독교에서 말하는 인간의 존엄성이라는 것은 신과의 관계에 기초한다는 것이지.

박 기자 알겠습니다. 좀 복잡하지만 큰 그림이 잡히는 것 같군요. 그럼 두 번째 질문을 드리죠. 결국 기독교와 진화론이 모순되어 보이는 이유는, 기독교에서 인류의 조상이라고 하는 아담의 창조라든가 기독교의 교리인 원죄라는 것과 관련되지 않겠습니까?

한 교수 결국, 아담의 기원에 관한 문제로 가는군.

박 기자 그렇죠. 결국 진화를 받아들인다면 '아담이나 원죄는 어떻게 설명해야 하는가'라는 문제가 핵심이 될 것 같습니다.

한 교수 글쎄, 아담이 진화의 방법으로 창조되면 안 되는 이유라도 있나?

박 기자 일단 창세기에는 아담이 흙으로 창조되었다고 표현되어 있으니까 이 문제가 걸릴 것 같습니다. 그런데 교수님이 앞에서 말씀하신 대로 창조 기사가 창조의 방법을 구체적으로 다루고 있지 않다면 흙으로 창조되었다는 표현도 진화라는 방법으로 창조했다는 것과 모순되지는 않겠군요.

한 교수 껄껄껄. 자네가 핵심을 놓치지 않고 잘 따라오고 있군. 사실 진화라는 개념을 처음 제시한 다윈의 「종의 기원」이 출판된 후 진화가 반기독교적이라는 견해를 가진 신학자들도 있었지만, 진화를 하나님의 창조 방법으로 여긴 보수적인 신학자들도 많이 있었지.

박 기자 정말인가요? 처음부터 진화를 수용하는 흐름이 있었다는 말씀이군요.

다윈의 「종의 기원」이 출간된 후 진화가
반기독교적이라는 견해를 가진 신학자들도 있었지만
진화를 하나님의 창조 방법으로
여긴 보수적인 신학자들도 많이 있었지.

한 교수 그렇지. 대표적인 신학자로는 찰스 하지, 벤저민 워필드라든가 A. H. 스트롱, 헨리 비처 등을 꼽을 수가 있고, 현대의 신학자로는 제임스 패커나 존 스토트, 그리고 알리스터 맥그래스 등을 꼽을 수 있지.

박 기자 그래도 여전히 문제는 남습니다. 아담이 진화의 방법으로 창조되었다면 아담이 최초의 인간이 된 건가요? 아담이 모든 인류의 조상이라는 것은 어떻게 됩니까?

한 교수 인간의 진화가 한 개체에서 일어난 것인지 혹은 집단에서 일어난 것인지는 아직 확실치 않네. 그러나 앞서 얘기한 것처럼 생물학적 진화가 어떤 방식으로 일어났든지, 신은 한 인물이나 공동체를 택해서 언약 관계를 맺음으로써 진정한 인간이 되게 했다고 생각할 수 있지 않나? 존 스토트라는 신학자는 신이 진화를 통해 아담을 창조했고 그 아담을 선택해서 진정한 의미의 인간(신적 인간 *homo divinus*)이 되게 했다는 견해를 갖고 있지. 반면 창세기 1장의 아담이라는 표현은 한 사람을 지칭하는 것이 아니라 인간이라는 집단을 지칭하는 단어라고 보는 신학자들도 있네.

박 기자 그렇다면 아담은 인류의 조상이라고 보는 견해는 어떻게 되는 건가요?

한 교수 아담이 모든 인류의 조상인가라는 문제는 진화-창조 논쟁을 떠나서 벌써 오래된 질문이네. 아담을 모든 인류의 조상으로 보는 견해도 있고, 이미 아담의 시대에 다른 인간들이 있었다고 보는 견해도 있지. 이것은 신학적인 주제라 많은 토론이 필요한 사안일세. 최근에도 아담에 대해서 신학적 논쟁이 벌어지기도 했지. 아담에 대해서는 크게 네 가지 입장으로 정리해 볼 수가 있는데 최근에 출간된 「아담의 역사성 논쟁」(Four Views on the Historical Adam, 새물결플러스) 같은 책을 보면 잘 알 수 있네.

박 기자 그 책에 나오는 네 가지 입장을 간단히 정리해 주실 수 있겠습니까?

한 교수 첫 번째 입장은 아담이 한 사람으로 존재한 것이 아니라는 입장일세. 아담이라는 히브리 단어 자체가 사실 '인간'이라는 뜻이니까 말일세. 약 1만 명 정도의 공동체가 선택된 인류의 조상이었다고 보는 입장이네. 이 견해를 가진 데니스 라모로(Denis Lamoureux)는, 성경 저자들이 창조가 신에 의해 직접 순간적으로 이루어졌다고 생각했기 때문에, 이런 순간적 창조관을 바탕으로 기록된 창세기를 과학과 조화시키려는 시도를 반대하고 있지.

두 번째 입장은 아담을 역사적 인물로 보지만 모든 인류의 조상은 아니라고 보는 견해야. 아담을 인간의 원형으로 보는 존 왈튼의 견해가 대표적일세.

세 번째 입장도 아담을 역사적 인물로 보는 견해일세. 생물 진화에 대해서는 비판적인 오랜 지구론에 해당하는 견해로 구약학자인 존 콜린스(John Collins)를 꼽을 수 있지. 그러나 이 경우도 아담과 하와가 유일한 한 쌍의 인간이 아니었고, 아담의 시대에 다른 사람들이 존재했을 가능성을 인정하고 있지.

　네 번째 입장은 전통적인 견해와 가장 가까운데, 아담을 역사적 인물로 보고 진화가 아닌 특별한 창조로 만들어졌다고 보는 견해네. 창조는 6일 동안 이루어졌다고 보는 젊은 지구론을 옹호하는 윌리엄 베릭(William Barrick)의 견해지.

박 기자　아담에 대해서도 다양한 신학적 견해가 있군요. 그렇다면 진화를 통해서 인간이 창조되었다는 진화 창조론은 네 가지 입장 중에 어느 입장과 가까운가요?

한 교수　딱 한 입장과 가깝다고 할 수는 없네. 신학적으로는 '아담이 역사적 인물인가 아닌가'가 이슈가 되겠지만 어느 쪽이든 신은 진화의 방법으로 인간을 창조할 수 있는 것이지.

박 기자　아담의 역사성 문제는 원죄에 대한 문제와 연결되지 않습니까? 아담이 역사적 인물이 아니거나 모든 인류의 조상이 아니라면 원죄는 어떻게 이해해야 합니까?

한 교수　점점 더 복잡한 신학문제로 가는군.

박 기자　창조-진화 논쟁은 결국 다양한 신학적 문제를 담고 있는 것일 테니까요.

한 교수　그렇지. 결국 '원죄가 어떻게 전승되는가'의 문제가 아마도 핵심 되는 질문일 거야. 원죄가 생물학적으로 전승된다면 아담이 모든 인류의 조상이어야만 할 테니까. 신학적으로는 원죄의 전승에 대해 세 가지 견해가 있네. 첫 번째는 몸을 통해서 생물학적으로 원죄가 전승된다는 견해네. 죄를 짓는 성향을 생물학적으로 물려받는다거나 피나 유전자를 통해서 원죄가 전승된다는 견해지. 두 번째는 사회적으로 원죄가 전승된다는 견해일세. 사람들 사이의 사회적 교류를 통해서 죄가 모방되고 전승된다는 것이지. 세 번째는 생물학적이거나 사회적이라기보다는 영적인 의미에서 원죄가 전승된다고 보는 견해네. 하나님과의 언약 관계가 깨지면서 모든 인간이 죄의 상태에 들어갔다고 보는 입장이지. 인간과 하나님의 관계가 깨어졌기 때문에 인간은 누구나 원죄의 영향에 있다고 보는 입장일세.

박 기자 그렇다면 원죄가 생물학적으로 전승된다는 입장은 아담이 모든 인류의 조상이라는 견해를 고수하겠군요.

한 교수 그렇지. 그러나 원죄가 사회적으로 혹은 영적으로 전승되는 것이라면 아담이 모든 인류의 조상일 필요는 없네. 원죄에 대한 세 가지 견해는 신학적 문제이지만, 원죄는 대표성의 원리에서 이해하는 것이 바람직하다는 것이 내 생각일세. 예수가 모든 인간을 대표해서 죽음으로 값을 치렀다는 것이 기독교의 복음 아닌가. 마찬가지로 아담의 범죄가 모든 인간에게 적용되는 대표성을 띠고 있다고 보는 것을 원죄로 이해할 수 있지. 하나님과 인간의 관계가 깨진 것은 바로 한 사람이 범한 죄의 대표성과 연대성의 결과로 이해할 수 있다는 말일세. 어쨌거나 아담이 모든 인류의 조상이었는가의 문제는 원죄가 어떻게 전승되는가 하는 질문과 밀접하게 연결되어 있지만 다양한 견해를 통해서 납득할 수 있는 문제라네.

박 기자　제가 생각했던 것보다 훨씬 문제가 복잡한 것 같습니다.

한 교수　하하하. 그런가. 성경과 과학을 정확하게 일치시키는 만병통치약은 없네. 이미 우리가 논의한 대로 성경은 창조주가 누구인지 그리고 예수가 누구인지를 알려주는 책이지, 우주나 인류의 기원에 대한 과학적 서술을 담고 있지 않네. 반면 과학은 자연 세계의 변화 과정과 원리를 정확히 이해하려는 시도가 아닌가. 그렇기 때문에 성경과 과학을 일대일로 대비시켜서 맞추려는 노력 자체는 사실 성공하기 어렵다고 판단하네. 오히려 성경과 과학을 각각 읽고 그 안에 담긴 메시지들을 얻어서 종합적으로 이해하는 것이 더 합리적이라고 생각하네.

인류의 기원에 관한 주제로 한 교수와 박 기자의 긴 대화는 끝이 났다. 자리에서 일어나는 박 기자를 배웅하며 한 교수는 이렇게 말했다.

한 교수　자네와 참 긴 얘기를 했군. 지난번 특집기사는 고마웠네. 기사도 기사지만 나는 자네를 만난 걸 더 감사히 여기고 있어. '어쩌면 내가 주일학교 선생으로서 잘못 가르친 것도 많지 않나?' 하는 생각도 했거든. 어쨌거나 자네가 진지하게 고민을 털어놓고 내 얘기를 경청해 주어 고맙네. 자네에게 도움이 됐으면 좋겠어. 여기 내가 쓴 책 한 권을 선물하고 싶네. 우리가 나눈 대화들이 주로 다뤄져 있지만 여러 가지 참고문헌들이 도움이 될 거야. 자네의 지적인 의문점이 어느 정도 해결됐으니, 언제 다시 자네를 만나게 될지는 모르지만 자네를 위해 기도함세. 물론 자네가 허락한다면 말이야.

박 기자의 결론

한 교수와 헤어지고 돌아오면서, 박 기자는 깊은 시름에 잠겼다. 한편으로는 닫혔던 시야가 열리는 듯했지만 다른 한편으로는 땅끝까지 꺼지는 듯한 허탈감이 있었다. 그가 고민했던 반지성적이며 반과학적인 기독교는 그럼 누구의 기독교란 말인가? 한 교수의 말에 의하면 크리스천들도 얼마든지 과학을 수용하고 지성을 추구할 수 있는 셈이다. 문득 얼마 전 텔레비전에서 본 진화론자들과 창조과학자들의 논쟁이 떠오르자, 그는 화가 났다. 자신도 어찌 보면 얄팍한 대중매체의 피해자가 아닌가.

'왜 여태껏 큰 그림을 보여 주는 사람이 없었던 거지? 교회는 왜 그렇게 무책임하단 말인가!'

그러나 그는 '곰곰이 생각해 보면 신앙은 과학에 의해 무너질 수밖에 없다고 내렸던 스스로의 결론이 오랜 세월 동안 자신을 독선의 우물 안에 가두고 있었던 것인지도 모른다'는 생각이 들었다. 지성인들은 결코 기독교에 만족할 수 없을 거라고 생각했던 박 기자는 이번 한 교수와의 만남을 통해 조금씩 그 반대의 가능성을 보았다.

신앙이라는 것이 박 기자 자신의 삶에 정말 중요한 문제일지도 모르고 또 과학이 신앙과 대립되는 것이 아니라면 '굳이 신앙을 버릴 이유가 없을 수도 있겠구나'라고 그는 생각했다. 이 문제를 깊이 고민하는 일은 그가 오랫동안 하지 않았던 밀린 숙제였던 것이다. 박 기자는

그가 고민했던 반지성적이며 반과학적인 기독교는
그럼 누구의 기독교란 말인가? 한 교수의 말에 의하면
크리스천들도 얼마든지 과학을 수용하고
지성을 추구할 수 있는 셈이다.

앞으로 '과연 무엇이 진리인지' 열심히 뒤져 봐야 할지도 모른다.

서점에 들른 박 기자가 계산대에 올려놓은 책들 중에는 오랫동안 읽지 않았던 한 권의 성경책도 포함되어 있었다. 그는 얼핏, 왠지 자신이 다시 크리스천이 될지도 모르겠다고 생각했다. 쌓아 놓은 책 옆으로 삐져나온 책갈피에는 이런 성경구절이 적혀 있었다.

"하늘이 하나님의 영광을 선포하고 창공은 주님의 솜씨를 알립니다."(시편 19편 1절, 쉬운성경)

11.
책을 마감하며
: 진화 창조론 이해하기

우주는 진화한다. 원자 크기보다 작았던 시공간은 빠르게 팽창하기 시작했고 138억 년의 장구한 세월이 흐른 오늘, 무한히 넓어 보이는 우주는 여전히 더 크게 팽창하고 있다. 잔잔한 바다처럼 균일하고 심심하던 아기 우주는 긴 세월을 거치며 역동적이고 흥미진진한 우주로 성장했다. 중력이라는 자연법칙을 따라 우주 공간은 암흑 물질 덩어리들이 거미줄처럼 얽힌 거시 구조로 채워졌으며, 그 구조 안에는 천억 개가 넘는 거대한 은하들이 가스가 뭉쳐 탄생한 수백억, 수천억 개의 별들을 거느리며 화려한 자태를 뽐낸다.

과학은 우리를 자연의 세계로 초대한다. 이상하리만큼 자연은 조화롭다. 인과법칙을 탐구하는 과학에 의해 자연현상의 신비가 하나둘 벗겨지면서 자연은 어느 정도 예측 가능해졌다. 인류는 자연을 더 이상 두려운 존재로 여기지 않고 사람들은 이제 산신령이나 용왕이 아닌, 자연법칙이 자연현상을 일으킨다고 생각하게 되었다.

현대는 과학의 시대라고 해도 과언이 아니다. 눈부시게 발전한 과학을 통해 현대인들은 수많은 과학 문명의 혜택을 누린다. 경험적 증거와 논리적 추론에 근거한 과학적 사고방식은 일상적이 되었고, 의식하든 의식하지 못하든 과학적 사고방식에 따라 의사 결정하는 일에 우리는 익숙해졌다. 과학적 증거는 정치·사회를 비롯한 모든 영역에서 중요한 잣대가 되었고, 개인의 영역에서도 과학은 현대인들이 자신의 인생을 읽고 해석하고 미래를 전망하는 일에 지대한 영향을 준다.

반면, 많은 크리스천은 여전히 전근대 시대에 머물러 있다. 삶에서는 똑같이 과학 문명을 누리고 있지만, 신앙의 영역은 왠지 과학과 유리되어 있다. 과학 시대를 사는 현대인에게 크리스천은 자신이 믿는 바를 잘 설명하지 못한다. 우주의 진화를 밝혀 내는 놀라운 과학의 결과들에 대해서는 무지하거나 무시하는 반면, 무신론자들이 과학을 토대로 기독교 신앙을 공격해 오면 속수무책이다. 우주의 나이가 138억 년이라는 우주론과 천문학이 틀렸고, 지구의 나이가 46억 년이라는 지질학은 오류이며, 생물의 역사가 수백만 수천만 년이 넘는다는 생물학이 거짓이라는 근거 없는 정죄는, 그리스도인들이 전하는 예수의 삶과 죽음과 부활도 귀 기울일 가치 없다는 무신론자들의 반응을 낳았다. 예수의 도를 따라 사는 하나님 백성의 삶에 지구나 우주의 나이는 별로 중요하지 않을지도 모르지만, 과학에 대한 크리스천의 무지가 복음을 전하는 일에 걸림돌이 된다는 것은 안타까운 일이다.

백 년도 넘은 창조-진화 논쟁이 여전히 우리의 발목을 잡는다. 창조와 진화는 서로 모순된다고 잘못 알고 있는 크리스천은, 우주가 진화한다고 말하는 과학자는 기독교인이 아닐 거라고 잘못 생각하지만,

사실 과학이 밝혀낸 우주 진화는 바로 하나님의 창조 과정이다. 우주 진화 과정을 총지휘하신 하나님을 과학을 통해 지켜보는 일은 성경에서 제시된 하나님을 만나는 일만큼 흥미진진하다.

패러다임의 변화: 우주 진화가 지성사에 자리 잡다

19세기까지 우주는 무한히 오래되었으며 무한히 크다는 생각이 지성사를 지배했다. 그러나 20세기에 들어와 패러다임의 변화가 일어났다. 바로 우주 팽창의 발견에서 시작된 대폭발 우주론의 등장이다. 1920년대 말 에드윈 허블(Edwin Hubble)을 비롯한 천문학자들은 가까운 은하들이 점점 멀어지고 있다는 놀라운 사실을 발견했다. '허블의 법칙'이라 불리는 이 현상은 마치 풍선 위에 여러 점을 찍고 풍선을 팽창시키면 점과 점 사이의 거리가 점점 멀어지듯이, 우주 공간이 점점 팽창해서 은하와 은하 간의 거리가 멀어지고 있음을 시사했다. 이것이 바로 20세기의 가장 위대한 발견 중 하나인 우주가 팽창한다는 발견이었다. 우주 팽창은 무척 흥미로운 암시를 던져 준다. 우주가 팽창한다면 과거로 갈수록 우주는 더 작았다는 뜻이 된다. 시간을 거꾸로 돌려 점점 과거로 간다면 우주의 크기는 점점 더 작아질 것이고 결국 우주가 매우 작았던 시점에 다다르게 될 것이다. 이것은 결국 우주가 매우 작은 한 시작점에서 부터 팽창하기 시작했다는 뜻이 된다. 즉 무한히 큰 우주가 무한히 오래 전부터 존재한 것이 아니라 우주는 한 시점에서 시공간이 탄생한 유한한 우주라는 말이다.

이 발견은 아인슈타인의 상대성이론을 우주에 적용해서 연구한 이론 연구와 접목되고, 1965년에는 우주배경복사가 우연히 발견되면서 대폭발 우주론을 탄생시켰다. 우주배경복사는, 대폭발 직후 우주의 나이가 약 38만 년 되었을 시점에 우주 공간에 균일하게 퍼져 나갔던 빛을 가리키며, 발견되기 전에 이미 이론적으로 예측되었다. 이 빛은 138억 년 동안 우주 공간을 날아와 오늘 우주의 어느 방향에서나 균일한 전자기파로 관측된다. 1990년대에 코비(COBE: Cosmic Background Explorer)라는 관측 위성이 우주배경복사의 등방성과 균일성을 정밀하게 확인하면서, 대폭발 우주론은 확고한 지위를 확보한다. 2013년에 발표된 플랑크 위성이 우주배경복사를 관측한 결과에 의하면 우주의 나이는 138억 년이다. 대폭발 우주론에는 다양한 과학적 증거와 함께 여전히 풀리지 않는 문제들이 남아 있지만, 장구한 역사를 거쳐 우주가 역동적으로 팽창하며 진화했다는 패러다임은 정설로 자리 잡았다.

138억 년 동안 우주는 멋있게 변해 왔다. 중력은 균일했던 아기 우주를 성장시켜 거미줄처럼 엮인 거시 구조로 바꾸어 놓았고, 오색찬란한 은하들이 병합되고 자라는 과정에서 수많은 별들이 피고 졌다. 별은 내부의 핵융합 반응을 통해 탄소나 산소와 같은 새로운 원소를 만들었다가 죽음을 맞이하며 우주 공간에 다양한 원소들을 뿌렸다. 이 원소들은 다음 세대에 태어난 별과 행성의 원료가 되었고, 지구상에 살고 있는 모든 생물을 구성하는 탄소 원자 하나하나가 바로 이름 모를 별들의 내부에서 만들어졌다. 과학은 은하와 별과 행성의 생성과 소멸을 담은 장구한 우주 진화의 역사를 우리에게 흥미롭게 들려준다.

우주 진화는 창조의 과정이다

장구한 우주 역사에 기적은 없어 보인다. 대폭발이 어떻게 시작되었는지, 생명체가 어떻게 시작되었는지, 그리고 인간의 의식이 어떻게 시작되었는지는 아직도 과학이 답하지 못한 문제로 남아 있지만, 우주 진화는 과학을 통해 대체적으로 잘 설명된다. 자연법칙으로 설명되지 않는 현상을 기적이라고 부른다면, 우주 진화 과정에는 기적이 별로 보이지 않는다. 그렇다면 우주 진화는 하나님의 창조를 부정하는 것일까? 기적이 아니라 자연법칙의 인과관계로 우주의 역사가 설명된다면 신의 창조가 아니란 뜻이 되는 걸까? 그렇지 않다! 마술사가 마술을 하듯 창조주가 기적만을 사용해서 창조한다고 가정하면, 기적이 없는 우주 역사는 신의 창조를 부정하는 셈이 된다. 그러나 우리는 여기서 다음과 같은 질문을 할 수 있다. 과연 신의 창조 방법을 기적으로만 제한하는 것은 과연 옳은 것인가?

이런 가정은 옳지 않다. 왜냐하면 오늘 우리가 경험하는 창조는 기적을 통한 것이 아니기 때문이다. 지금도 태평양에는 새로운 섬들이 창조되고, 우주에는 새로운 별들이 만들어지고 있고, 임신한 여인들의 뱃속에는 새로운 생명들이 자라고 있다. 그리고 우리는 하나님이 섬과 별과 새로운 생명을 창조하고 계신다고 고백한다. 하지만 이러한 창조는 기적을 통해 이루어지지 않는다. 하나님은 원래 창조 세계에 부여하셨던 자연법칙을 따라 자연적인 방식을 통해 섬과 별과 생명을 비롯한 다양한 창조 세계의 구성물을 창조하고 계신다. 그리고 우리는 과학을 통해서 창조의 과정들을 하나씩 이해하고 있다. 기적으로 창조된 것이 아니라고 해서 혹은 과학이 그 인과관계를 밝혔다고 해서 하나님의 창조가 아니라고 할 수는 없다.

우주 역사도 마찬가지다. 과학으로 인과관계가 밝혀진 우주 진화도 하나님의 창조 과정이다. 오늘 창조주가 자연법칙을 통해 생물과 무생물을 새롭게 창조하듯, 우주의 역사는 하나님이 자연적 방법을 통해 창조하신 긴 과정을 드러낸다. 우리는 하나님의 창조의 방법을 기적이라는 영역에 제한하려는 경향이 있다. 그러나 하나님은 자연법칙을 통해서 창조하실 수도 있고 기적이라는 방법으로 창조하실 수도 있는 전능한 분이다. 오늘날 새롭게 창조되는 많은 창조물들에서 쉽게 볼 수 있듯이 하나님이 자연법칙을 통해서 창조하시는 것은 분명하다.

창조-진화 논쟁의 가장 핵심적인 이슈는 자연현상이 과학을 통해 밝혀지면 신의 창조를 부정하게 되는가라는 문제다. 과학주의 무신론자들은 우주나 생물의 진화가 과학을 통해 밝혀졌고, 그렇기 때문에 신의 존재는 부정된다고 주장한다. 한편 반대편에서는 창조과학자들이, 신은 기적으로 창조하기 때문에 우주의 역사나 생물의 역사가 과학으로 설명된다면 그 과학은 틀렸다고 주장한다. 과학주의 무신론과 창조과학이라는 양극단의 입장은 모두 하나님의 창조를 기적이라는 방법에 제한하는 오류를 범한다.

진화, 진화 이론, 진화주의

창조-진화 논쟁에서 진화, 진화 이론, 진화주의 이 세 가지를 구별하는 일은 중요하다. 넓은 의미에서 진화는 시간에 따른 변화를 의미한다. 우주 진화는 복잡한 우주로 변해 가는 과정을, 생물 진화는 시간에 따라 더 복잡한 종이 출현하는 과정을 의미한다. 진화는 자연현상이며, 큰 틀에서 보면 진화는 경험적인 데이터에 가깝다.

반면, 진화 이론은 진화를 설명하는 과학 이론이다. 현상 간의 인과관계나 혹은 진화가 일어나는 기작을 다루는 것이 진화 이론이다. 가령 대폭발 우주론은 우주 팽창이 왜 일어나는지를 설명하는 과학 이론이고 생물 진화 이론은 종이 발생하는 생물 진화 현상을 자연선택과 유전자변이라는 기작을 통해 설명하는 과학 이론이다.

진화주의는 진화 이론에 대한 무신론적 세계관이다. 가령 진화가 진화 이론으로 잘 설명된다면 더 이상 신은 필요하지 않다는 도킨스의 주장이 대표적이다. 그러나 진화주의는 진화를 무신론적 세계관으로 해석한 철학적 입장에 불과하다. 반면, 진화는 하나님이 다양한 생물 종을 창조한 방식이고 진화 이론은 그 창조의 방법을 밝힌 것이라는 프랜시스 콜린스의 견해처럼 유신론적 해석도 가능하다.

그렇다면 크리스천은 어떤 입장을 취해야 할까? 진화주의는 유신론의 입장과 반대되기 때문에 기독교의 입장과 충돌할 수밖에 없고 그래서 크리스천은 진화주의를 거부할 수밖에 없다. 진화 이론은 어떨까? 진화 이론은 과학의 영역이므로 그 판단은 과학자들에게 맡기는 것이 바람직하다. 근거 없는 폄하나 무조건적인 수용은 둘 다 옳은 태도가 아니다. 신화 이론이 우주의 진화를 얼마나 잘 설명하는지 혹은 종의 진화를 설득력 있게 잘 설명하는지에 대한 판단은 매우 다양한 과학적 증거와 이론들을 종합해서 다루어야 하는 어려운 문제이다. 더군다나 과학은 끊임없이 발전하면서 새로운 데이터와 이론들을 쏟아 내는 학문이다. 그렇기 때문에 진화 이론을 대하는 크리스천의 태도는 매우 신중할 필요가 있다. 진화 현상은 어떨까? 경험적인 데이터에 가까운 진화 현상에 대해서는 보다 수용적인 태도를 취하는 것이 바람직하다. 물론 거기에는 철저한 과학적 검증이 필요하다.

보수적인 기독교 입장

창조에 관한 기독교의 입장은 다양하다. 그 극단에는 창조가 약 1만 년 전에 이루어졌다고 보는 젊은 지구론이 있다. 이 견해는 진화, 진화 이론, 진화주의 이 세 가지를 모두 부정한다. 가령, 우주 팽창이나 오래된 지구 암석과 같은 과학적 증거 자체를 인정하지 않는다. 수백만 년에 걸쳐 점점 더 복잡한 종이 발생했다는 생물 진화 현상도 부정한다. 이들은 동위 원소 연대 측정을 신뢰하지 않기 때문에 지구나 생물의 긴 연대를 부정한다. 만일 지질학계에서 확립된 동위 원소 연대 측정법이 정말로 틀렸다면 과학적으로 입증해야 할 것이다. 그러나 안타깝게도 젊은 지구론자는 교회 안의 비전문가들 앞에서 주로 그런 주장을 펴고 있다. 우주와 지구의 역사가 만 년 이상 훨씬 오래되었다는 것은 천문학·물리학·지질학·생물학을 포함한 다양한 과학의 종합적 결론이다. 연대 문제는 더 이상 과학의 이슈가 아니다. 그럼에도 불구하고 과학과 신앙에 관한 강의를 하다 보면 지구의 나이가 젊다는 과학적 증거가 많다며 질문하는 크리스천들을 만난다. 지구의 나이가 젊다는 이론과 지구의 나이가 많다는 이론이 마치 경쟁이라도 하고 있는 것으로 잘못 알고 있는 많은 크리스천을 보면, 교회 안에 얼마나 심각한 정보의 불균형이 있는지 새삼 느끼게 된다. 정보의 불균형은 오해와 무지를 낳는다.

두 번째 입장은 우주 진화는 수용하지만 생물 진화는 거부하는 오랜 지구론이다. 이 입장은 우주 나이, 지구 나이, 대폭발 우주론 등을 수용하고 우주 진화를 하나님의 창조로 해석한다. 반면 생물 진화에 관해서는 다양한 다른 의견을 포함한다. 화석 연대를 인정하기 때문에 시간에 따라 점점 복잡한 종이 출현했다는 것은 인정하는 이가 있는 반면, 모든 종들이 공통 조상에서 발생했다는 이론을 거부하는 이도 있다. 오랜 지구론의 입장은 진화 이론의 설명처럼 자연선택이나 유전자변이가 종의 진화를 가져온 것이 아니라, 창조주가 직접 특별한 방법으로 하나하나 종을 창조했다는 입장이다.

진화적 유신론의 견해

과학에 대립되는 위의 견해들과 달리 진화를 하나님의 창조 과정으로 보는 진화적 유신론의 입장은 우주 진화(우주의 팽창, 우주의 나이)와 생물 진화(복잡한 종의 출현, 화석 증거)를 인정하고 진화 이론을 수용한다. 진화 창조론에 포함된 입장은 과학에 관해서는 비슷하지만 신학적인 면에서는 몇 가지 견해로 나뉜다. 특히 하나님이 진화를 어떻게 사용하시는가에 관한 점에서 조금씩 차이를 보인다. 신이 자연 세계에 어떻게 개입하는가에 따라 다음과 같이 크게 세 가지로 정리된다.

1. 계획되지 않은 진화: 이 입장은 창조의 첫 시점 이후 신은 자연 세계에 간섭하지 않고 진화가 어느 방향으로 흘러갈지 미리 계획하거나 감독하지 않는다는 입장이다. 이 입장이 과학주의 무신론과 유일하게 다른 점은 신의 존재를 인정한다는 점이다. 신이 우주를 창조할 때 진화가 어떻게 진행될지 설계하지 않았고, 진화의 과정 동안 자연 세계에 간섭하지도 않는다는 이 입장은 과정신학과 그 맥락을 같이하며 종종 이신론으로 비판받기도 한다.

2. 계획된 진화: 이 입장은 진화와 진화 이론을 수용하면서 진화 과정이 바로 하나님의 창조 과정이라고 보는 입장이다. 이 입장은 신이 직접 자연 세계에 간섭해서 특별한 방법으로 종을 창조하지는 않는다는 견해이며, 그런 면에서 계획되지 않은 진화와 비슷하다. 신은 자연 세계에 개입해서 기적을 일으킬 수 있지만 그럴 필요가 없다고 보는데, 그 이유는 신의 계획이 창조의 첫 시점에 이미 우주 안에 담겨 있기 때문이다. 마치 씨앗이 발현되어 나무가 되고 꽃이 피고 열매를 맺듯이 처음 우주가 창조될 때 어떤 꽃을 피우고 어떤 열매를 맺을지 창조주의 계획이 이미 심겨 있다는 입장이다. 우주 진화는 무작위로 일어나는 것 같지만 사실은 창조주의 계획에 따라 그 역사가 펼쳐진다는 견해다.

3. 인도된 진화: 이 입장은 계획된 진화와 비슷하지만 진화가 창조주에 의해서 감독되고 인도된다는 입장이다. 물론 감독하고 인도하는 방법이 창조 세계에 직접 개입하는 기적과 같은 방법을 의미하는 것은 아니다. 신은 진화를 인도하지만, 기적과 같은 방법으로 새로운 종을 만들어 내는 것이 아니라, 자연적 설명이 가능하나 확률이 매우 낮은 사건이 발생하도록 인도하는 방식으로 직접 진화 과정을 감독한다. 즉, 신은 자연법칙을 깨는 대신 발생하기 어려운 사건들이 일어나도록 섭리함으로써 원하는 방향으로 진화를 이끈다. 가령, 지적설계론자인 마이클 베히는 환원 불가능한 복잡성을

예로 들면서 진화되었다고 설명하기가 거의 불가능한 생물 기관들을 논한다. 그러나 자연적으로 발생하기에는 확률이 매우 낮은 진화를 창조주가 직접 인도해서 가능하게 했다고 보는 입장이 바로 인도된 진화의 입장이다. 다르게 말한다면 진화는 창조주 없이는 일어날 수 없다고 보는 입장이라고 할 수도 있다.

그렇다면 어느 입장이 옳은 것일까? 성경 자체는 명확한 답을 제시해 주지 않는다. 젊은 지구론이 옳은지 오랜 지구론이 옳은지, 혹은 인도된 진화가 맞는지 계획된 진화가 맞는지, 성경은 설명하지 않는다. 창조의 과정이나 연대, 혹은 창조의 방법은 성경이 우리에게 전하려는 메시지가 아니기 때문이다. 성경이 말하지 않는 내용을 성경에서 찾으려는 생각은 위험하다. 그렇기 때문에 결국 과학과 신학을 이해하는 큰 틀에서 판단해야 한다. 우선 과학을 수용하는 정도에 따라 선택도 달라질 것이다. 과학자들의 경우 젊은 지구론은 받아들이기가 매우 어렵다. 앞에서 논한 것처럼 우주와 지구의 나이가 만년 이상 오래되었다는 과학적 증거는 압도적으로 많기 때문이다. 오랜 지구론과 진화적 창조론에 관해서는 특히 생물 진화나 생물 진화 이론을 얼마만큼 수용하는가에 따라 스펙트럼이 나누어질 것이다. 신학적으로는 어떨까? 우선 분명한 것은 세 입장 모두 신의 창조를 인정하는 기독교적 입장이라는 점이다. 그러나 창세기 해석을 중심으로 한 성경 신학의 입장과, 그리고 초월성과 내재성으로 대표되는 창조주와 창조 세계의 관계에 관한 창조 신학의 입장 차이에 따라 다양한 견해가 있을 수 있다. 종합적으로 볼 때, 복음주의에서는 어떤 견해를 수용하는 것이 가능할까? 아마도 오랜 지구론과 계획된 진화, 그리고 인도된 진화의 견해 정도가 복음주의에서 수용할 수 있는 입장이라 생각된다.

과학의 창으로 창조를 보다

과학에 관해 통일되고 균형잡힌 시각을 갖는 것은 사실 쉽지 않다. 마치 젊은 지구론이 오랜 지구론과 경쟁하는 이론이라도 되는 것처럼 생각하는 크리스천들을 많이 만나다 보면 교회 안에 과학 정보의 불균형이 얼마나 심각한지를 깨닫게 된다. 우주 진화는 수용하면서 생물 진화는 거부하는 오랜 지구론의 입장도 모순이라는 비판에 직면한다. 우주 역사에서 은하와 별과 행성은 자연적인 방식으로 창조하셨지만, 생물 역사에서는 신이 자연 세계에 중간중간에 개입하여 기적으로 창조하셨다고 보는 것은, 일관성이 떨어져 보이고 신의 창조 과정이 불완전해 보인다. 과학계에서는 진화 이론이 끊임없이 진화되고 있지만 진화적 창조의 견해에 관해서는 종의 진화에 대한 직접적인 과학 증거가 부족한 것이 아니냐는 비판도 여전히 제기되고 있다.

공산당처럼 빨간 딱지가 붙어 있는 진화에 대한 거부감은 과학과 신학적 이해가 부족한 탓도 있지만 심리적인 원인도 크다. 자신이 갖고 있던 창조의 그림을 버려야 할 때 생기는 두려움은 사실 이해할 만하다. 출생의 비밀을 알고 나서 충격에 빠지는 일과 비슷하다고나 할까. 기적적 방법으로 인간이 창조되었다고 믿던 사람이 자연적 방법으로 인간이 창조되었다는 믿음으로 전향하기는 쉽지 않다. 우주 진화는 나름 쉽게 받아들여도 생물 진화는 수용하지 못하는 거부감에는 이런 심리적 장벽이 있다.

   18세기에 뉴턴이 행성의 공전 운동을 중력으로 설명했던 때에도 비슷한 반응이 있었다. 천사들이 행성을 직접 밀고 다닌다고 믿었던 당대의 사람들에게 중력이라는 자연법칙으로 행성의 운동을 설명하는 것은 불신앙으로 보였다. 중력으로 행성의 운동이 설명된다면 신이 필요 없게 되는 것이라는 오해 때문이었다. 하나님이 운행하시는 행성의 운동을 중력법칙으로 설명하는 것이 기독교에 도전이 된다고 생각하는 사람은 이제는 더 이상 남아 있지 않다. 그러나 19세기를 거치면서 물리적 우주를 넘어 생명의 세계까지 기적이 아닌 자연적 방식의 창조라는 개념이 확장되자, 크리스천은 18세기 시절과 비슷한 충격과 오해에 빠졌다. 창조-진화 논쟁은 이미 백 년이 넘게 이어지고 있지만 충격과 오해를 넘어서 창조-진화 논쟁이 깨끗이 해결되기에는 더 긴 시간이 더 필요할 것으로 보인다. 이론물리학자이며 사제였던 존 폴킹혼은 생물 진화의 경우도 결국 시간이 흐르면서 자연스레 수용될 것이라고 전망한다.

   우리는 과학을 통해 창조 세계를 본다. 과학은 성경의 저자들이나 중세시대 사람들이 경험하지 못했고 알지 못했던 신비로운 창조의 역사를 우리 앞에 드러내고 있다. 우주와 생물의 세계에서 우리는 창조주의 지혜와 지식의 풍요함에 넋을 잃고 만다. 백억 년의 시간과 무한한 듯한 공간의 광대함 앞에서 길을 잃고, 백만이 넘는 종들이 생성되었다 소멸되는 놀라운 세계 앞에서 경이에 빠진다. 우주 앞에 선 인간은 자신의 왜소함에 당황하지만, 긴 세월 동안 성장한 우주의 역사가 설명할 길 없는 하나님의 창조 사역과 섭리 안에 담겼다는 사실에 더욱 놀란다.

창조 세계는 아직도 밝히지 못한 신비로 가득하다. 과학이 발전하면서 우주의 새로운 얼굴을 발견한다면 우리는 창조 세계의 경이로운 면모에 감탄할 것이다. 앞으로 우리는 18세기의 자연법칙이나 19세기의 진화 개념을 넘어 더 충격적이고 도전적인 과학의 내용을 목도하게 될지도 모른다. 인간은 자신의 경험과 지식으로 창조 세계를 내다보지만, 사실 창조 세계에는 우리의 지성을 넘어서는 창조주의 지혜가 담겨 있다. 기존 지식의 한계를 깨고 인간이 경험하는 우주를 확장시켜 주는 과학은, 창조주 하나님을 더 풍성하게 이해하도록 우리를 인도한다. 창조의 신비가 새롭게 드러날 때마다 우리는 창조주께 감사와 찬양을 돌릴 수밖에 없을 것이다.

부록

: 더 깊은 공부를 위하여

각 장의 끝에 다뤄진 주제들에 대해 더 깊은 공부를 원하는 독자들을 위해 '생각할 문제'와 '더 읽을거리'를 따로 정리해 두었다. 그룹 토의를 통해 서로 다른 견해를 갖는 사람들과 토론하면서 다양한 견해들을 정리하고 숲을 그리는 작업을 하면 매우 유익하리라 본다. 한글로 번역된 자료들이 많지 않아 영어로 된 서적과 논문들을 함께 제시했다. 일반 독자들의 경우에는 단행본으로 나온 책들을 읽는 것이 가장 손쉬운 방법일 것이다. 더 깊은 이해를 원하는 독자들의 경우에는 제시된 몇몇 논문들이 좋은 출발점이 될 수 있을 것이다. 책이 너무 어렵게 보여 독자를 제한할 것 같아 책에 인용된 여러 내용들에 대해 일일이 각주를 달지 않았음을 밝혀 둔다. 신앙과 과학에 관련된 논문들은 여러 웹사이트를 통해서 구할 수 있겠지만 특별히 추천하고 싶은 자료는 미국 크리스천 과학자들의 단체인 '미국과학협회'(American

Scientific Affiliation)에서 발행하는 학술지 "과학과 기독교 신앙에 관한 관점"(Perspectives on Science and Christian Faith)이다. 이 계간지에는 신앙과 과학에 관련된 다양한 논문과 서평이 담겨 있는데, 1949년부터 최근까지 발행된 자료들을 웹을 통해 검색하고 받을 수 있다(www.asa3.org/ASA).

에필로그

 신앙과 과학이라는 폭넓은 주제를 한 권의 책에 담는 어찌 보면 무모했던 작업이 끝났다. 책에 대해 여전히 아쉬움을 느낄 독자들이 눈에 선하다. 그러나 신앙과 과학이라는 주제를 평생 다루어야 할 소명으로 느끼는 나에게 아직 긴 여정이 남아 있음을 다시 한 번 절감하며, 독자들과 소통할 또 다른 기회가 있기를 바라며 개정 작업을 여기서 마치기로 한다.
 신앙과 과학에 대한 책을 써야겠다는 생각은 매우 오래전부터 해왔다. 특히, 90년대 중반에 「복음주의 지성의 스캔들」이라는 책을 크리스천 대학원생들과 함께 읽고 나서 그 생각이 짙어졌다. 이 책의 저자인 역사학자 마크 놀은 과학계에 기독교적 지성이 부재한 이유는 바로 크리스천 과학자들이 무신론 과학자들의 주장이나 창조과학자들의 주장에 대해 침묵했기 때문이라고 비판한다. 그렇다. 지구의 나이가 만 년이라고 주장하는 창조과학이 기독교의 유일한 목소리처럼 알려지게 된 것은, 주류 과학계에 몸담고 있는 많은 크리스천 과학자들이 침묵했기 때문이라는 비판을 피할 수가 없다. 그러므로 하나님이 지으신 우주의 역사가 오래되었다는 것을 익히 알고 있는 크리스천 천문학자가 침묵한다면 그것은 지적 성실성(integrity)의 문제다.

물론 크리스천 과학자들이 침묵한 이유는 짐작이 된다. 제대로 생물학이나 지질학, 천문학을 연구하고 있는 크리스천 과학자들이 창조과학자들의 주장에 동의할 수 없는 것은 자명해 보이지만, 창조과학을 향해 비판의 목소리를 냈을 때 직면하게 될 어려움이 있다. 창조-진화 논쟁의 상처가 깊은 미국에서 많은 크리스천 생물학자들이 당한 수모를 생각하면 차라리 말이 통하지 않는 현실에서 그저 침묵하고 있는 것이 지혜로운 길로 보였으리라.

나에게도 비슷한 일화가 있다. 어느 잡지에 창조과학에 대해 비판적인 글을 기고한 뒤에 '도대체 크리스천이 맞냐'는 질문을 받은 것이다. 과학은 신앙과 독립적이라는 내용의 강의를 하거나 진화 이론을 받아들이는 많은 크리스천 생물학자들이 있다는 얘기를 하면, 성경을 있는 그대로 읽지 않는 타협한 크리스천 과학자라는 말을 흔히 듣는다. 흑백논리가 지배하는 척박한 한국 기독교계의 현실에서 이성적 논의나 과학적 사고는 배척받기 쉽다. 이 책을 쓰면서도 분명 그런 오해나 비판을 받을 거라고 생각했다.

그럼에도 나는 하나님이 주신 이성과 신앙 양심상 폭넓은 기독교적 시각을 제시하지 않을 수 없다. 한쪽에 치우친 견해를 제시하기보다는 '다양한 견해와 그 견해가 가진 장단점을 보여 주고 독자에게 판단을 맡기는 것이 옳다는 것'이 바로 이 책을 쓴 목적이자 동기였다. 그래서 한쪽의 목소리가 아닌 더 다양한 견해들에 대한 논의나 토론이 일어나고, 이를 통해 한국 교회가 성숙해지고, 하나님의 창조가 더욱 위대하게 드러나며, 결국 복음의 진보에 도움이 된다면 더 바랄 게 없다. 지구 나이가 만 년밖에 안 된다는 주장이 과학계의 비웃음을 사듯, 예수 그리스도의 보혈의 피로 이루어진 구원의 역사가 같은 수준으로 취급될 수는 없지 않겠는가.

이 책의 내용은 미주 유학생 수련회 'KOSTA' 등에서 했던 신앙과 과학에 대한 세미나 원고를 토대로 하여 월간 "복음과상황"에 기고했던 글과 평소에 틈틈이 써 두었던 글을 묶어 만들었다. 어느 정도 교육을 받은 일반 크리스천을 대상으로 했기에 전문적인 글의 형식을 취하지 않고 서로 다른 견해들의 논점이 드러나기 쉽게 대화체로 요점을 전달하는 형식을 취했다. 입문서의 성격을 가진 이 책 이후에 더 전문적이고 구체적인 내용을 담은 책을 집필하고 싶다.

    초기 원고를 읽고 좋은 의견을 제시해 준 제주대학의 팽동국 교수님과 캐나다 몬트리올에 있는 컨코디아 대학의 권오진 교수님에게 감사드린다. 책의 출판을 적극 추천해 주신 서강대의 강영안 교수님과 추천사를 써 주신 연세대 이영욱 교수님, 그리고 정의여고 한경석 선생님에게 감사드린다. 한국 사회의 전반적인 경제적 어려움에도 개정판을 출간해 주신 한국 IVP의 신현기 대표님과 편집에 수고해 준 편집부 간사님들에게 감사드린다. 주말마다 이 책 저 책 뒤지며 원고를 써 나가는 긴 시간 동안, 항상 옆에서 격려해 주고 원고를 읽어 주고 조언해 준 아내 이지은에게 감사한다. 그리고 한국의 복음화, 특히 기독교 지성의 성장을 위해 평생을 바쳤으며, 나의 대학원 시절에 수많은 책을 사 주고 숙제를 내 주었으며, 많은 크리스천 학자를 한국과 미국에서 만날 수 있도록 도와준 나의 친구이자 멘토인 웨슬리 웬트워스에게 이 책을 헌정한다.

무신론 기자, 크리스천 과학자에게 따지다

초판 발행 2009년 4월 7일 | 초판 4쇄 2012년 6월 15일
개정판 발행 2014년 10월 30일 | 개정판 9쇄 2025년 5월 30일

지은이 우종학
펴낸이 정모세

편집 이성민 이혜영 심혜인 설요한 박예찬
디자인 한현아 서린나 | 마케팅 오인표 | 영업·제작 정성운 이은주 조수영
경영지원 이혜선 이은희 | 물류 박세율 정용탁 김대훈

펴낸곳 한국기독학생회출판부 | 등록번호 제2001-000198호.(1978.6.1)
주소 04031 서울시 마포구 동교로 156-10
대표 전화 (02) 337-2257 | 팩스 (02) 337-2258
영업 전화 (02) 338-2282 | 팩스 080-915-1515
홈페이지 http://www.ivp.co.kr | 이메일 ivp@ivp.co.kr
ISBN 978-89-328-1375-2

ⓒ 우종학 2014

책값은 뒤표지에 있습니다.
무단 전재와 복제를 금합니다.